Inovação e gestão
do conhecimento

Central de Qualidade — FGV Management

ouvidoria@fgv.br

SÉRIE GESTÃO DE PESSOAS

Inovação e gestão do conhecimento

Alivinio Almeida
Denise Margareth Oldenburg Basgal
Martius Vicente Rodriguez Y Rodriguez
Wagner Cardoso de Pádua Filho

Copyright © 2016 Alivinio Almeida, Denise Margareth Oldenburg Basgal, Martius Vicente Rodriguez y Rodriguez, Wagner Cardoso de Pádua Filho

Direitos desta edição reservados à
EDITORA FGV
Rua Jornalista Orlando Dantas, 37
22231-010 — Rio de Janeiro, RJ — Brasil
Tels.: 0800-021-7777 — 21-3799-4427
Fax: 21-3799-4430
editora@fgv.br — pedidoseditora@fgv.br
www.fgv.br/editora

Impresso no Brasil / Printed in Brazil

Todos os direitos reservados. A reprodução não autorizada desta publicação, no todo ou em parte, constitui violação do copyright (Lei nº 9.610/98).

Os conceitos emitidos neste livro são de inteira responsabilidade dos autores.

1ª edição — 2016

Preparação de originais: Sandra Frank
Editoração eletrônica: FA Studio
Revisão: Fatima Caroni
Capa: aspecto:design
Ilustração de capa: Felipe A. de Souza

Ficha catalográfica elaborada pela
Biblioteca Mario Henrique Simonsen/FGV

Almeida, Alivinio de
    Inovação e gestão do conhecimento / Alivinio Almeida...[et al.].
— Rio de Janeiro : FGV Editora, 2016.
    138 p. — (Gestão de pessoas (FGV Management))

    Em colaboração com: Denise Margareth Oldenburg Basgal, Martius Vicente Rodriguez y Rodriguez, Wagner Cardoso de Pádua Filho.

    Publicações FGV Management.
    ISBN: 978-85- 225-1852- 4

    1. Desenvolvimento organizacional. 2. Gestão do conhecimento. 3. Comportamento organizacional. I. Basgal, Denise Margareth Oldenburg. II. Rodriguez y Rodriguez, Martius Vicente. III. Pádua Filho, Wagner Cardoso de, 1968- . IV. FGV Management. V. Fundação Getulio Vargas. VI. Título. VII. Série.

CDD — 658.406

Aos nossos alunos e aos nossos colegas docentes
que nos levam a pensar e repensar nossas práticas.

Sumário

Apresentação 11

Introdução 15

1 | **Aspectos básicos da inovação** 17

Conceito e significado de inovação 17

Evolução da inovação 20

Mitos e barreiras da inovação 23

Riscos da inovação 27

Resumo do capítulo 30

2 | **Fundamentos da cultura da inovação** 31

As bases do processo de inovação 31

Ambientes e objetos de aplicação da inovação 36

Principais modelos e tipos de inovação 39

Habilidades e características do inovador 43

Resumo do capítulo 47

3 | Inovação no ambiente empresarial 49

Inovação nas empresas 49

A empresa inovadora 52

O modelo *startup* 58

Rede de apoio tecnológico e financeiro 60

Resumo do capítulo 62

4 | Motivos e desafios da gestão do conhecimento 63

Evolução e valoração do conhecimento 63

Conhecimento explícito e conhecimento tácito 71

Motivação para a gestão do conhecimento 74

Etapas para a construção do conhecimento 77

Desafios à implantação da gestão do conhecimento 79

Resumo do capítulo 82

5 | Modelos e estratégias de gestão do conhecimento 83

Modelos de gestão de organizações baseadas no conhecimento 83

Processos de gestão do conhecimento 89

Estratégias de implantação da gestão do conhecimento 91

Aspectos estratégicos para a gestão do conhecimento 96

Gerenciador de documentos 98

Segurança da informação 101

Resumo do capítulo 106

6 | Gestão do conhecimento no ambiente empresarial 107

Iniciativas para a implantação de gestão do conhecimento 107

Valores intangíveis e práticas 113

Práticas na gestão do conhecimento 118

Resumo do capítulo 128

Conclusão 129

Referências 131

Os autores 137

Apresentação

Este livro compõe as Publicações FGV Management, programa de educação continuada da Fundação Getulio Vargas (FGV).

A FGV é uma instituição de direito privado, com mais de meio século de existência, gerando conhecimento por meio da pesquisa, transmitindo informações e formando habilidades por meio da educação, prestando assistência técnica às organizações e contribuindo para um Brasil sustentável e competitivo no cenário internacional.

A estrutura acadêmica da FGV é composta por nove escolas e institutos, a saber: Escola Brasileira de Administração Pública e de Empresas (Ebape), dirigida pelo professor Flavio Carvalho de Vasconcelos; Escola de Administração de Empresas de São Paulo (Eaesp), dirigida pelo professor Luiz Artur Ledur Brito; Escola de Pós-Graduação em Economia (EPGE), dirigida pelo professor Rubens Penha Cysne; Centro de Pesquisa e Documentação de História Contemporânea do Brasil (Cpdoc), dirigido pelo professor Celso Castro; Escola de Direito de São Paulo (Direito GV), dirigida pelo professor Oscar Vilhena Vieira; Escola de Direito do Rio de Janeiro (Direito Rio), dirigida pelo professor Joaquim

Falcão; Escola de Economia de São Paulo (Eesp), dirigida pelo professor Yoshiaki Nakano; Instituto Brasileiro de Economia (Ibre), dirigido pelo professor Luiz Guilherme Schymura de Oliveira; e Escola de Matemática Aplicada (Emap), dirigida pela professora Maria Izabel Tavares Gramacho. São diversas unidades com a marca FGV, trabalhando com a mesma filosofia: gerar e disseminar o conhecimento pelo país.

Dentro de suas áreas específicas de conhecimento, cada escola é responsável pela criação e elaboração dos cursos oferecidos pelo Instituto de Desenvolvimento Educacional (IDE), criado em 2003, com o objetivo de coordenar e gerenciar uma rede de distribuição única para os produtos e serviços educacionais produzidos pela FGV, por meio de suas escolas. Dirigido pelo professor Rubens Mario Alberto Wachholz, o IDE conta com a Direção de Programas e Processos Acadêmicos (PPA), pelo professor Gerson Lachtermacher, com a Direção da Rede Management pelo professor Silvio Roberto Badenes de Gouvea, com a Direção dos Cursos Corporativos pelo professor Luiz Ernesto Migliora, com a Direção dos Núcleos MGM Brasília, Rio de Janeiro e São Paulo pelo professor Paulo Mattos de Lemos, com a Direção das Soluções Educacionais pela professora Mary Kimiko Magalhães Guimarães Murashima. O IDE engloba o programa FGV Management e sua rede conveniada, distribuída em todo o país e, por meio de seus programas, desenvolve soluções em educação presencial e a distância e em treinamento corporativo customizado, prestando apoio efetivo à rede FGV, de acordo com os padrões de excelência da instituição.

Este livro representa mais um esforço da FGV em socializar seu aprendizado e suas conquistas. Ele é escrito por professores do FGV Management, profissionais de reconhecida competência acadêmica e prática, o que torna possível atender às demandas do mercado, tendo como suporte sólida fundamentação teórica.

A FGV espera, com mais essa iniciativa, oferecer a estudantes, gestores, técnicos e a todos aqueles que têm internalizado o conceito de educação continuada, tão relevante na era do conhecimento na qual se vive, insumos que, agregados às suas práticas, possam contribuir para sua especialização, atualização e aperfeiçoamento.

Rubens Mario Alberto Wachholz
Diretor do Instituto de Desenvolvimento Educacional

Sylvia Constant Vergara
Coordenadora das Publicações FGV Management

Introdução

Escrever um livro sobre inovação e gestão do conhecimento, além de ser um grande desafio, exige certo grau de coragem dos autores. Abordar um tema que trata da mudança de ambientes e comportamentos, e de geração, acumulação e controle do aprendizado não é tarefa simples. Afinal, o tema está em plena transformação e continua acumulando novas interpretações e argumentos, ou seja, a todo momento está inovando a si mesmo. Ainda assim, leitor, o esforço se justifica por dois motivos: o assunto é agradável e instigante, e todos têm algo a dizer sobre ele.

A oportunidade de poder discutir os aspectos do ambiente, as razões do estímulo e o processo de desenvolvimento da inovação, bem como os aspectos relativos à geração, acumulação e gestão do conhecimento é um privilégio. De um lado, caminhar sobre a história da humanidade, identificando e caracterizando as invenções e inovações que contribuíram significativamente para a melhoria das condições de vida das populações e da sociedade. De outro, entender como o conhecimento acumulado a partir da inovação, ao longo do tempo, pode significar valor e representar uma importante forma de capital e um elemento estratégico para indivíduos e empresas é um desafio sedutor.

Diante desses aspectos, perguntamos: quem não gostaria de registrar suas impressões e marcar presença nas discussões sobre o tema? É por isso, caro leitor, que abraçamos a causa e produzimos o texto a seguir, distribuído em seis capítulos.

Optamos por tratar da inovação nos três primeiros capítulos, e da gestão do conhecimento nos três finais. De forma mais identificada, no primeiro capítulo, apresentamos os pressupostos da inovação, tais como: conceito, significado e valor. No segundo, desenvolvemos discussão sobre a cultura da inovação e suas características relacionadas ao ambiente, habilidades e perfil do agente de inovação. No terceiro, especificamos a aplicação da inovação ao ambiente empresarial, assinalando as condições e os modelos utilizados no encaminhamento da inovação, com destaque para o momento *startup*. Já no quarto capítulo, discutimos os motivadores, o valor e os desafios da gestão do conhecimento. No quinto, abordamos os processos, as estratégias e a segurança no trato do conhecimento enquanto capital. E no sexto capítulo, discutimos a gestão do conhecimento no ambiente empresarial, considerando iniciativas e práticas de aplicação, inclusive com a apresentação de um estudo de caso relacionado ao assunto. Ao final, oferecemos a você, leitor, a conclusão sobre a inovação e a gestão do conhecimento no ambiente empresarial, bem como as referências bibliográficas que deram base ao estudo. Esperamos que se interesse por esta proposta e nos acompanhe nesta caminhada, que se inicia a seguir.

1

Aspectos básicos da inovação

Neste capítulo, leitor, estabelecemos os pressupostos básicos da inovação. Inicialmente, desenvolvemos discussão sobre o conceito, o significado e o valor da inovação. Em seguida, apresentamos os tipos de inovação e discutimos sua relação com a sociedade e com o ambiente empresarial.

Conceito e significado de inovação

Inovação é um tema que, em período recente, ganhou popularidade midiática e presença intensa nas discussões diárias entre indivíduos, empresas, instituições e governos. O conteúdo abordado tem se baseado em percepções intuitivas, sabedoria convencional e conhecimento técnico-científico. Diante da diversidade de interpretações que o tema possibilita, julgamos necessário iniciar este capítulo com a identificação de um conceito básico de inovação que atenda às expectativas dos autores e dos leitores.

Inovação envolve diversas interpretações em função do autor, do ator, do ambiente, do momento, do propósito etc. Porém todas as interpretações acabam por convergir para a produção de algo novo, de natureza pessoal, empresarial ou institucional, de caráter objetivo ou subjetivo, tangível ou intangível, mensurável ou imensurável.

Uma definição que se encaixa muito bem nesse contexto amplo que a inovação alcança é a de Myers e Marquis (1969) citada por Gilliard (s.d.), reproduzida a seguir:

> *Innovation is not a single action but a total process of interrelated sub processes. It is not just the conception of a new idea, nor the invention of a new device, nor the development of a new market. The process is all these things, acting in an integrated fashion.*

Pinheiro e Alt (2011) ressaltam que o termo "inovação" vem do latim *innovare* que significa "alterar a forma de algo estabelecido para criar algo novo". Enquanto isso, "invenção", do latim *invenire*, significa "por vir", ou seja, é algo novo que não existia anteriormente. Concluem que inovar é transformar ideias em valor, enquanto inventar é gerar algo novo, investindo em ideias.

Machado (2004), abordando esse assunto, considera que a introdução de uma novidade ou nova ideia por uma organização pode ser considerada inovação. A introdução de produtos, serviços ou processos de produção que incorporem novas soluções técnicas, funcionais ou estéticas com objetivo de alcançar resultados específicos é entendida como inovação tecnológica. Novidades que modifiquem a política, os processos administrativos, a tomada de decisão, a alocação de recursos, as atribuições de responsabilidades, os relacionamentos com funcionários, clientes e outras organizações, os sistemas de recompensas e motivação e outros elementos relacionados com a gestão de uma organização são consideradas inovações organizacionais. O autor alerta para o fato de que novidade se reporta à qualidade ou ao caráter de novo, uma inovação, embora referente a algo já existente, um uso novo para algo já existente. Nesse contexto, Zaltman, Duncan e Holbek (1973:7), citados por Machado (2004), assinalam que, "enquanto toda inovação implica mudança, nem toda mudança implica inovação".

Ainda conforme Machado (2004), o estudo da inovação possibilita perspectivas teóricas por abordagens diferenciadas. A primeira pode se fixar na visão pessoal da inovação, levando em consideração o "ser humano" como agente inovador. A segunda pode abordar a estrutura organizacional. E a terceira, referir-se à interação entre as duas anteriores por meio da gestão de pessoas e da estrutura organizacional.

Inovação também pode ser interpretada como um resultado favorável de algo novo. Inventta (s.d.) anota que "inovação é a exploração, com sucesso, de novas ideias". Para a organização, no caso da empresa, sucesso pode se representar por resultados mercadológicos e/ou financeiros.

Numa abordagem mais ampla, Meira (2013) considera que inovação é um ideal, é *design*, é conversação, é mudança, é performance, é poder, é sincronização, é propósito. Para ele, toda inovação é "incompleta, imperfeita e impermanente". Assim, sempre é tempo de inovar novamente. Nesse contexto, o autor vê na inovação o desenho do futuro, a partir da ação conjunta das equipes de vendas, de produtos e serviços, de operação e de suporte. Diante disso, ele assinala que inovar exige entender das tecnologias, dos consumidores e da competição.

Segundo Pinheiro e Alt (2011), "a inovação está onde há valor percebido pelas pessoas". Sem essa percepção de valor, afirmam que não há inovação. Mais que isso, sugerem que inovação depende de "empatia", que é a capacidade de se colocar no lugar do outro e perceber que valores são interessantes e necessários. Os autores deixam claro que a inovação resulta da criatividade colocada em prática, objetivada em resultados positivos para o negócio e para as pessoas.

Na relação com valor, Kim e Mauborgne (2005) assinalam também que quando a empresa se concentra em tornar a concorrência irrelevante, oferecendo "saltos" no valor para compradores e empresas, ocorre uma inovação de valor. Nesse contexto destacam que inovação e valor têm a mesma relevância. Para tanto, as empresas devem alinhar inovação com utilidade, preço e ganhos de custo.

Como se pode perceber, inovação, por si mesma, é um conceito inacabado, diverso e versátil. Aceita diferentes interpretações e permite uma abordagem ampla, envolvente e desafiadora.

Evolução da inovação

No curso histórico, a humanidade tem experimentado invenções ou inovações que mudaram, de forma significativa, seu ambiente, comportamento e performance. Algumas delas, que provocaram efeitos marcantes em bem-estar, ao longo do tempo, citadas por Gilliard (s.d.), estão relacionadas no quadro 1.

Quadro 1
INVENÇÕES OU INOVAÇÕES SIGNIFICATIVAS PARA A HUMANIDADE, AO LONGO DO TEMPO

Item	Ano	Item	Ano
Vidro	3500 a.C.	Televisão comercial	1948
Ábaco	2.700 a.C.	*Laser*	1957
Cata-vento	200 a.C.	Calculadora eletrônica	1961
Papel	105 a.C.	Planilha eletrônica	1962

Continua

Item	Ano	Item	Ano
Prensa de papel	1450	Telefone celular	1973
Veículo autopropelido	1672	Câmera digital	1975
Câmera fotográfica	1820	Internet (www)	1989
Telégrafo	1837	E-mail	1993
Telefone	1876	Wikipédia	2001
Célula solar	1883	Facebook	2004
Turbina	1887	Youtube	2005
Rádio comercial	1920	Twitter	2006

Fonte: Gilliard (s.d.).

As novidades relacionadas no quadro 1 resultaram de ações individuais ou coletivas, impulsionadas por capitais próprios ou institucionais e associadas ao ambiente social e econômico contemporâneo. Pelo quadro 1, nota-se que, especialmente entre os séculos XIX e XX, houve intensa proliferação das inovações, alimentada pela organização e ampliação dos mercados de bens e serviços e de capitais.

Aliás, em se tratando da relação entre capital e inovação, Johnson (2011) assinala que livres mercados favorecem novas formas de competição e de acumulação de capital e, por decorrência, impelem a criação e a adoção de novas ideias. Neles, os contatos entre pessoas e ideias aumentam, formando redes interativas. Segundo o autor, enquanto houver contato e transbordamento entre mentes conectadas, inovações úteis terão mais probabilidade de ocorrer e de se espalhar entre a população em geral. Johnson (2011) também oferece uma cronologia das inovações significativas para a humanidade, apresentada no quadro 2.

Quadro 2
INVENÇÕES OU INOVAÇÕES SIGNIFICATIVAS PARA A HUMANIDADE, AO LONGO DO TEMPO

Item	Ano	Item	Ano
Lente côncava	1451	Máquina de costura	1845
Paraquedas	1483	Elevador	1853
Rolimãs	1497	Plástico	1862
Turbina a vapor	1551	Dinamite	1863
Lápis	1560	Máquina de escrever	1868
Telescópio	1610	Lâmpada elétrica	1879
Logaritmos	1614	Motocicleta/automóvel	1885
Régua de cálculo	1632	Ar-condicionado	1902
Barômetro	1643	Avião a motor	1903
Calculadora mecânica	1645	Máquina de lavar	1908
Relógio de pêndulo	1656	Linha de montagem	1913
Máquina a vapor	1712	Helicóptero	1920
Termômetro mercúrio	1714	Penicilina	1928
Cronômetro	1735	Motor a jato	1930
Tear a vapor	1785	Radar	1935
Litografia	1796	Nylon	1937
Bateria elétrica	1800	Reator atômico	1938
Bicicleta	1863	Transistor	1947
Braille	1821	Marca-passo artificial	1950
Motor elétrico	1850	GPS	1958
Geladeira	1834	Ressonância magnética	1974
Revólver	1836	Internet	1975
Computador	1837	Computador pessoal	1976
Fotografia	1839	World Wide Web	1989

Fonte: Johnson (2011).

Ao observar os elementos relacionados nos quadros 1 e 2, podemos inferir sobre o significativo volume de benefícios propiciados à humanidade. Em seu momento, e a partir dele, cada inovação disponibilizada levou à melhoria das condições individuais e coletivas de vida, entregando às pessoas e aos mercados contribuições de alto valor. Diante disso, na sequência, discutimos o valor da inovação para quem a produz e para quem a recebe.

Mitos e barreiras da inovação

O potencial inovador está presente na maioria das pessoas. Entretanto, influenciadas por preconceitos e mitos, muitas reprimem essa habilidade por acreditar que inovação é ato possível apenas no ambiente acadêmico ou em empresas de grande porte econômico-financeiro. Porém esse mito não é verdadeiro. É preciso refletir melhor e perceber que a inovação pode ser idealizada nos mais diversos setores, de diferentes empresas, em qualquer cultura ou país, protagonizada por qualquer pessoa. Birkinshaw, Bouquet e Barsoux (2011) analisando os mitos relacionados à inovação fazem interessantes observações que apresentamos a seguir.

❑ Mito → inovação surge como um ímpeto de genialidade e, para isso, é importante ser gênio ou ter gênios em sua empresa.
Falso! A cada dia fica mais evidente que a inovação é muito mais um processo, capaz de ser estimulado e fomentado, do que um lampejo momentâneo de ideias.
❑ Mito → inovação só se consegue se você tiver uma equipe de funcionários talentosos, formados nas melhores universidades do mundo, detentores de titulações acadêmicas, que dominem vários idiomas.

Falso! Ainda que essas qualidades sejam importantes em uma equipe e que a presença destas pessoas aumente sua chance de desenvolver ideias inovadoras, a questão aqui é que isso não é condição fundamental ou absolutamente necessária. Empresas nas quais a cultura da inovação permeia seus processos e suas decisões podem desenvolver ideias inovadoras a partir de uma equipe coesa, bem treinada, que trabalha unida e que apresenta talentos somados.

❏ Mito → o momento *eureka* é o súbito lampejo da intuição.
Falso! Inovação é muito menos inspiração e muito mais suor e trabalho. A maioria dos esforços de inovação não falha por falta de ideias brilhantes, mas por causa da falta de pensamento e cuidado com o *follow-up*.

❏ Mito → inovação deve ser centralizada no departamento de pesquisa e desenvolvimento (P&D).
Falso! Certamente, os funcionários de P&D têm muito a contribuir com a inovação. Entretanto, ela deve ser responsabilidade de todos os setores. E tem mais: não somente de dentro das empresas, mas de fora também. Clientes e outros colaboradores (outras empresas, universidades, centros de pesquisas autônomos) podem e devem participar do processo de criação, aperfeiçoamento e operacionalização de novas ideias, a chamada "inovação aberta".

❏ Mito → inovação aberta é o caminho.
Verdade parcial! É *um dos* caminhos. Encontrar o equilíbrio entre a inovação aberta e a inovação interna, tradicional, é um desafio. Os benefícios são inquestionáveis, mas os custos também são consideráveis, incluindo as relações complexas envolvendo a propriedade intelectual, a falta de confiança existente em ambos os lados e os custos operacionais envolvidos na construção de uma cultura voltada à inovação aberta.

❏ Mito → pessoas inovam por dinheiro e sempre será necessário remunerar muito bem uma boa ideia.

Verdade parcial! A motivação de empreendedores e inovadores muitas vezes transcende o financeiro. Estratégias de reconhecimento pessoal e em grupo e o oferecimento de estrutura e incentivos ao desenvolvimento dos projetos também devem ser considerados porque são significativas para os atores da inovação.

❑ Mito → inovação deve vir de "baixo pra cima", dentro da organização.

Verdade parcial! Apesar disso, essa iniciativa não pode ser a regra. Executivos podem estar distantes da realidade do dia a dia do mercado e do cliente ou com o tempo tomado pelas decisões estratégicas da empresa. Entretanto, nenhuma ideia inovadora seguirá para a frente sem que a alta cúpula esteja envolvida e engajada. Assim, o processo precisa ser uma estrada de mão dupla, ou seja, tráfego de "baixo para cima" e de "cima para baixo".

Além de mitos, a inovação encontra algumas barreiras em seu curso, que também precisam ser reconhecidas, identificadas e combatidas. Entre elas, relacionam-se as financeiras, tecnológicas, legais, culturais e pessoais:

❑ *financeiras* – a primeira barreira é a falta de recursos disponíveis. Mesmo quando há recursos, fica a incerteza sobre se a saúde financeira da empresa no futuro será capaz de sustentar o investimento. Outra dificuldade financeira refere-se a como prever custos fixos e variáveis, bem como estimar receitas e lucros advindos do projeto de inovação. O paradigma do lucro de curto prazo pode inviabilizar projetos de inovação, quando o retorno projetado for em prazo mais longo;

❑ *tecnológicas* – podem ocorrer devido à escassez de tecnologia disponível, ao alto custo da base tecnológica existente ou ao custo do desenvolvimento de uma nova tecnologia;

- *legais* – a legislação pode estimular a inovação, mas pode servir também como barreira. Complexidade legal, burocracias institucionais e exigências de órgãos e agências reguladoras são alguns exemplos de empecilhos à inovação;
- *culturais* – essas são barreiras significativas, na medida em que sustentam diversos paradigmas de pessoas e organizações e estão apoiadas no chamado "paradoxo da cultura da inovação", quando empresas, apesar de divulgarem que investem muito em inovação são, na prática, conservadoras e burocráticas, muitas vezes presas ao passado. Vale lembrar que pensar diferente implica quebrar princípios culturais, e isso não é tarefa simples em alguns ambientes;
- *pessoais* – existe uma enorme carência de pessoas habilitadas e preparadas para o processo da inovação. As pessoas são treinadas com o paradigma de "fazer o mesmo", evitando correr riscos. Há muitas empresas que não estimulam ou, até mesmo, penalizam as pessoas que propõem inovação. Por isso, com o tempo, acabam fracassando.

Na verdade, muitos comportamentos, atitudes e regras corporativas servem como barreiras ao processo de inovação. Ideias são vistas normalmente com desconfiança e suspeita, principalmente se vierem de camadas empresariais hierárquicas mais baixas. Aliás, a relação entre os poderes internos gera forças de conflito que bloqueiam iniciativas inovadoras, não só pelo medo do sucesso alheio, como também pela intolerância ao fracasso. Outros aspectos envolvem o trabalho em equipe, a troca de conhecimento e a difusão da informação, atitudes muitas vezes dificultadas internamente pelo ambiente organizacional competitivo.

Outras barreiras merecem ainda ser discutidas, entre elas as barreiras relacionadas à tomada de decisão estratégica de gestores, em diversos setores da empresa. Christensen, Kaufman e Shih (2008) estudaram como algumas decisões financeiras podem ser obstáculos às iniciativas inovadoras e concluíram que: (a) o uso do fluxo de caixa descontado e do valor presente líquido (VPL) para avaliar oportunidades de investimentos faz com que gestores subestimem os reais retornos e benefícios do processo de inovação para a empresa; (b) a forma como os custos são considerados na avaliação de investimentos futuros em inovação, seja o custo fixo ou um foco constante em redução de custos, pode colocar a empresa em desvantagem competitiva no mercado frente aos concorrentes; e (c) uma ênfase excessiva no lucro por ação e na geração de valor e retorno para o acionista desvia recursos de investimentos em projetos inovadores cuja recompensa financeira estará além do horizonte imediato.

Riscos da inovação

Inovação também apresenta riscos inerentes ao processo. Não há inovação sem riscos. Aliás, a maior ou menor propensão a ele será o diferencial. É praticamente impossível prever que um projeto inovador alcançará sucesso garantido. Assim, podemos afirmar que o maior risco da inovação é o insucesso. Mesmo baseado em informações consistentes sobre o mercado e sobre o cliente, com as variáveis relacionadas, cuidados no desenvolvimento do projeto e uma implementação impecável, ainda assim uma inovação corre o risco de fracassar. O risco do insucesso envolve uma série de fatores que podem comprometer, parcialmente ou definitivamente, as iniciativas inovadoras nas empresas, principalmente as radicais e de ruptura. O insucesso pode diminuir a motivação da equipe, comprometer a cultura da organização e gerar conflitos internos entre os funcionários. Além disso, pode provocar perdas financeiras significativas e prejudicar a viabilidade do negócio, comprometendo o retorno ao acionista e afetando a imagem da empresa ou da marca. Diante do exposto, algumas situações de risco devem ser consideradas na trajetória da inovação. Vejamos:

❑ *a inovação pode não atender adequadamente às necessidades dos clientes* – é fundamental conhecer bem quem é cliente e o que é necessário para solucionar seu problema ("entender para atender");

❑ *o resultado final pode ser um produto e não uma solução para o cliente* – é vital que líderes inovadores estejam totalmente focados na solução de problemas e não somente nos aspectos técnicos de produtos, serviços, processos ou modelos de negócio. O risco será chegar ao final da jornada inovadora com um produto que não resolve o problema das pessoas. Lembre-se, leitor: uma ideia só será considerada inovação se for capaz de gerar resultados para clientes, acionistas e também para a sociedade;

❑ *pode haver discordância entre a ideia e o produto final* – isso ocorre quando erros acontecem durante a fase de desenvolvimento do projeto inovador. Quando está concluído, esse se encontra desalinhado da ideia original. É possível que tenha erros de interpretação, execução, adaptação, produção ou implementação que resultaram em algo diferente do que estava previsto;

❑ *há possibilidade de mudança no comportamento do cliente* – algumas ideias inovadoras e maravilhosas necessitam de um determinado tempo para ser desenvolvidas e chegar ao produto final. A empresa poderá correr sérios riscos de insucesso caso esse tempo seja longo demais. Isso ocorrerá caso o cliente mude de comportamento, de desejo, de hábitos e costumes, e a inovação perca o momento ideal, chegando ao mercado tarde demais;

❑ *a inovação pode ser precoce e estar fora do tempo do cliente* – outro risco que pode ocorrer é o de uma ideia extremamente inovadora ainda estar além do mercado ou da percepção de valor do cliente. Algumas inovações surgem, mas isso não significa que a empresa deva colocá-la em prática imediatamente. Deve-se ter o cuidado de analisar e estudar bem o mercado para saber se o momento é adequado e ideal; avaliar se o mercado e o cliente estão preparados para perceber valor ou ainda será necessário um "tempo de amadurecimento". O lançamento de uma inovação de forma precoce pode comprometer seu sucesso. Além disso, pode abrir espaço para a concorrência que, passando a conhecer a ideia inovadora, pode desenvolvê-la e aperfeiçoá-la futuramente, obtendo um retorno maior do que a empresa que originalmente a lançou;

❑ pode ocorrer subdimensionamento dos recursos necessários – outro risco importante ocorrerá quando a empresa cometer erros no planejamento dos recursos necessários à conclusão do projeto: limitações financeiras, falta de mão de obra qualificada e tecnologia podem comprometer o resultado final;

❑ *as limitações da inovação podem ser subestimadas* – empresas e empreendedores inovadores habitualmente motivados e envolvidos com o projeto de inovação, podem não dar a devida importância a algumas limitações que porventura existam. Limitações operacionais, de utilização, educacionais ou de legislação são alguns exemplos que podem levar uma boa ideia ao fracasso;

❑ *o processo pode ser interrompido antes da conclusão* – esse é um risco relativamente frequente, pois muitos gestores tomam a decisão de parar antes de obter os resultados esperados devido a mudanças na hierarquia ou no corpo de funcionários, pressão excessiva por parte da diretoria e/ou dos acionistas, medo repentino do fracasso, mudanças nos diversos cenários sócio-político-econômicos, envolvimento da empresa em processos de fusão e aquisição, análise equivocada e precoce de resultados preliminares e/ou ansiedade da equipe em obter resultados antes do período de maturação da inovação.

Segundo Merton (2013), gestores e empresas precisam refletir sobre os riscos da inovação, considerando algumas regras básicas:

❑ ter em mente que é necessário um modelo, tanto mental quanto intuitivo, para tomar decisões sobre retorno e risco;
❑ aceitar as limitações dos modelos de inovação que sejam insuficientes ou incompletos e não atendam plenamente à proposta inovadora ou não sejam totalmente aplicáveis;
❑ esperar o inesperado, dado que não é possível prever todos os resultados e consequências da inovação, por mais metódico que seja o processo;
❑ entender que certos modelos de inovação se aplicam a determinados usuários, mas não a todos. Além disso, a inovação pode servir a diferentes finalidades, sendo que o uso depende do perfil e do desenvolvimento do usuário;
❑ checar a infraestrutura relacionada tanto aos recursos que serão utilizados, quanto também à infraestrutura necessária para sua implementação.

Resumo do capítulo

Neste capítulo, leitor, identificamos os aspectos básicos da inovação considerando seu conceito e significado, evolução e valor. Além disso, discutimos os mitos, barreiras e riscos associados à inovação.

No próximo, ressaltaremos as bases do processo de inovação, bem como os ambientes e objetos, os modelos e os tipos de inovação. Além disso, faremos a caracterização do perfil do indivíduo inovador.

2

Fundamentos da cultura da inovação

Neste capítulo, desenvolvemos discussão sobre as bases da cultura da inovação, assinalando as etapas que devem ser cumpridas para que seja realizada. Na sequência, ressaltamos os ambientes e objetos da ação inovadora, bem como os principais modelos e tipos de inovação utilizados por indivíduos, empresas e organizações.

As bases do processo de inovação

Inovação é muito mais do que uma ideia genial a ser adotada por uma empresa. Além disso, é possível criar uma cultura inovadora nas organizações a partir de processos bem definidos, que servirão de guia de etapas a serem seguidas por toda a empresa.

Muitas instituições acadêmicas e pesquisadores em todo o mundo estudam o processo de inovação. Diversos modelos são propostos e podem ser elaborados, basicamente, em seis etapas: identificação do problema, elaboração da ideia, estudo de viabilidade, desenvolvimento do produto, teste de protótipo e lançamento. Cada etapa é discutida a seguir.

Identificação do problema

Trata-se da definição do problema a ser resolvido ou da oportunidade a ser alcançada. Nesse início, muitas possibilidades podem surgir e a mente inovadora se torna livre para criar. Entretanto, deve-se ter cuidado com a imaginação, para que não perca o foco no presente e nos objetivos estratégicos da organização. O que o cliente precisa, que tipo de problema ele tem e necessita ser solucionado, sem que nenhum concorrente esteja oferecendo? Essa pergunta será chave para que o processo inovador se inicie. É possível utilizar metodologias de pesquisa de mercado, de grupo ou *brainstorming* para encontrar as respostas. Metodologias alternativas utilizando desenhos, esquemas associativos, diversificação de pessoas e atividades podem estimular o lado esquerdo do cérebro a produzir ideias. Por outro lado, deve-se ter em mente que oportunidades de inovação disruptivas muitas vezes não são tangibilizadas. Isso quer dizer que, em algumas situações, não adianta perguntar ao cliente o que ele quer, porque ele não sabe responder. Aliás, se ele souber responder, isso pode significar que a ideia não é tão inovadora assim ou que os concorrentes já perguntaram antes.

Elaboração da ideia

Após a identificação do problema, a ideia emerge. Essa fase vai exigir uma ampla visão de mercado, do cliente, da estrutura e da cultura da empresa. Funcionários devem estar dispostos a quebrar paradigmas e a pensar "fora da caixa". Todo ser humano pode ser um inovador de sucesso e, por isso, deve preparar a mente para inovar e gerar boas ideias. É imprescindível, leitor, desenvolver múltiplas habilidades, desafiar a si próprio e procurar conhecimentos e inspirações, muitas vezes adormecidos. Algumas perguntas são úteis nessa fase, para direcionar o surgimento das novas ideias. Usar critérios para perguntar: o quê? Isso é possível? O que acontecerá se? Todo grande idealizador tem uma história de valores, experiências, emoções e características. É sempre bom repetir que a boa ideia será aquela capaz de trazer soluções para a empresa, o mercado ou o cliente, solucionando problemas ainda não resolvidos pelos concorrentes.

Estudo da viabilidade

A terceira etapa caracteriza-se pelo estudo da viabilidade da ideia, ou seja, a avaliação das condições necessárias para torná-la possível à empresa. Nesse contexto, algumas perguntas podem auxiliar na verificação da viabilidade:

❑ As tecnologias disponíveis são suficientes ou será necessário adquirir novas?

É importante avaliar o impacto da necessidade de tecnologia, qual a qualidade da mesma e se será adquirida no mercado ou desenvolvida internamente, a partir da análise benefício/custo. Outra possibilidade de obter tecnologia é fazê-lo por meio de parcerias externas com universidades, incubadoras e outras empresas potencialmente parceiras. Adicionalmente, a tecnologia pode vir por meio de processos de fusão ou aquisição entre empresas, absorvendo a tecnologia antes indisponível.

❑ Existem recursos financeiros para serem investidos em todo o processo?

Existem diversas fontes de recursos financeiros: capital próprio da empresa, investidores "anjo" (investidor pessoa física ou grupo de investidores especialmente voltados para projetos de inovação e empreendimentos tipo *startups*), financiamentos coletivos (*crowndfunding*), empréstimos bancários, fundos de capital de risco ou até mesmo a abertura de capital em bolsas de valores. O perfil do capital investido no projeto também deve ser avaliado pela ótica do prazo (curto, médio ou longo) e do grau de risco aceitável.

❏ A ideia obedece e respeita a legislação vigente?

Deve ser estudada toda e qualquer possibilidade de contingenciamento, além de toda a legislação vigente e pertinente ao projeto.

❏ Como está a estrutura operacional?

Essa avaliação está relacionada aos fatores internos da empresa que darão suporte ao processo específico de inovação. A análise da estrutura operacional deve ser direcionada aos diversos setores da empresa, englobando o quadro de talentos e o ambiente físico (construções, máquinas e equipamentos) da empresa.

❏ Há capital intelectual e talentos suficientes na empresa?

É fundamental conhecer bem o nível de preparação de seus funcionários, em todos os níveis. É recomendável identificar lacunas de capacitação e treinamento, para que os investimentos necessários sejam realizados. A contratação de novos talentos pode ser necessária e deve se voltar para as necessidades específicas do projeto. Empresas com uma cultura inovadora já estabelecida e enraizada promovem constantemente o desenvolvimento de talentos internos, mais envolvidos com a cultura organizacional e, normalmente, já motivados a inovar.

❏ A cultura da empresa está sintonizada?

É necessário o apoio do alto-comando para o desenvolvimento das inovações em todos os níveis hierárquicos da empresa.

Desenvolvimento

Com a ideia proposta e definida a viabilidade, é hora do desenvolvimento interno; é a execução propriamente dita. É a fase mais difícil, pois aqui a ideia se torna tangível. Deve-se ter total rigor nos processos, nas etapas a serem cumpridas e na preparação dos funcionários, força motriz de todo o processo. Nessa etapa deverão ser consideradas algumas ferramentas clássicas do planejamento estratégico, definindo as equipes envolvidas, as sinergias, os objetivos de cada grupo, as tarefas individuais e os prazos a serem cumpridos em cada fase.

Teste do protótipo

Uma vez que a ideia se transformou em um protótipo a ser oferecido aos clientes, é o momento de testar se ele reflete efetivamente o que foi idealizado e, principalmente, se soluciona o problema do cliente. É possível, ainda baseado no *feedback* dos consumidores, "pivotar", ou seja, desenvolver novas ações, adaptar o protótipo a novas situações de mercado ou avaliar novas oportunidades de negócio. Nessa etapa, os clientes avaliam o real valor da nova ideia e a possibilidade de consumo em escala.

Lançamento

É a etapa final, quando a inovação chega ao mercado para atender às necessidades demandadas por clientes, empresas, sociedades ou organizações. A geração de resultados financeiros concretos (como é normalmente defendido em muitos conceitos de inovação) ou de responsabilidade social deve ser objetivo maior. Caso contrário, a inovação perde sua essência. Os resultados perseguidos precisam ser acompanhados e controlados com rigor. É importante considerar que, muitas vezes, o processo não para por aí, pois as ideias podem gerar novas necessidades ou mesmo necessitar de inovações constantes. A inovação incremental deve ser considerada estratégia de aperfeiçoamento.

Considerações importantes sobre o processo de inovação

Algumas considerações referentes ao processo de inovação devem ainda ser abordadas. Primeiramente, o fato de que uma etapa não é separada da outra, como se fosse possível definir o ponto de início e o fim de cada fase. Na verdade, o ponto de interseção entre as fases é um processo contínuo, mas pode funcionar como um ponto de controle. É recomendado que se definam os pontos de controle do processo, tanto dentro de cada etapa quanto, principalmente, entre as etapas. Assim, reuniões de avaliação devem ser feitas, quando a equipe responsável pelo projeto informa aos altos gerentes o que foi realizado. Com base no progresso e no potencial do projeto, os tomadores de decisões aprovam a entrada da iniciativa na fase seguinte, reenviam o projeto à fase anterior para mais trabalhos ou simplesmente o abortam. Durante os pontos de controle, serão ainda considerados a projeção de receita e de lucro e os riscos associados. Quando a inovação é incremental, será mais fácil essa análise; em casos de inovação radical ou de ruptura, muitas vezes não existem parâmetros de avaliação.

Ambientes e objetos de aplicação da inovação

Quando o assunto é inovação, muitos acreditam que se refere a novos produtos que envolvem alta tecnologia ou que apresentam uma forma mais interativa e moderna. Entretanto, o conceito de inovação pode e deve ser aplicado a outras dimensões, ainda que, talvez, os produtos sejam a forma mais tangível de o cliente perceber a inovação. A inovação também engloba serviços, processos, pessoas, marketing, sustentabilidade, modelos de negócio e a cadeia de suprimentos. Segundo Green (2014), a inovação pode ser aplicada a:

- ❑ *produtos* – envolve a introdução de um novo produto, mais moderno, que recebeu uma substancial evolução, uma nova tecnologia, *design* arrojado e que tenha melhor desempenho, gaste menos energia ou seja sustentável. Pode incluir, ainda, melhorias em características funcionais, habilidades técnicas, facilidade de uso ou outra dimensão;
- ❑ *serviços* – relaciona-se a uma nova atividade intangível para o cliente, capaz de proporcionar novas formas de agregação de valor como mais conveniência, maior agilidade e rapidez, maior conforto, melhores condições de saúde, novas formas de entretenimento e lazer, novas sensações e percepções positivas. O setor de serviços oferece crescentes desafios às empresas, que buscam a cada dia surpreender seus clientes com algo novo que seja capaz de encantar;
- ❑ *processos* – envolve uma melhoria substancial na forma como o processo é realizado ou pode ser a quebra total do paradigma anterior e a adoção de um novo processo. A inovação nesse setor deve estar focada em ganhos de escala, maior produtividade, menor uso de insumos e energia, menor utilização de mão de obra, fazendo mais e melhor com menos;
- ❑ *pessoas* – um dos maiores desafios das empresas é buscar novas formas de atuar para as pessoas, motivando, promovendo o alto desempenho e o trabalho em equipe, desenvolvendo novos líderes e capacitando com alto grau de eficiência. Implantar um clima de inovação e mudança dentro da organização já é uma das primeiras ações nesse sentido. Todos precisam estar preparados para pensar diferente, questionar

o óbvio em seu setor e buscar novas alternativas diante das necessidades presentes. Nesse contexto, os gestores exercem um papel crucial na liderança do processo e, a partir daí, a inovação deve permear todos os setores e funcionários. Os desafios se estendem ainda a criar verdadeiras políticas de incentivos reais com novas formas de remuneração, critérios de promoção e gestão de carreira, visibilidade interna e externa. Finalmente, a inovação pode estar, ainda, em melhorar as condições de trabalho, promover mais segurança, maior produtividade operacional e novas metodologias de recrutamento e seleção;

- *marketing* – essa é uma área que tem interfaces com a inovação em produtos, mas que se concentra em ações específicas do marketing, como criar e desenvolver novas metodologias no *design* ou embalagem, nas estratégias de promoção ou de preço ou na logística e distribuição;

- *sustentabilidade* – recentemente, a sustentabilidade vem atraindo mais atenção das empresas, diante das novas demandas da sociedade e dos governos. Refere-se à introdução de qualquer melhoria na empresa que envolva as questões sociais, que promovam uma qualidade de vida melhor para as pessoas, preserve o meio ambiente, poupe energia ou utilize fontes energéticas sustentáveis;

- *modelos de negócio* – algumas empresas optam por mudar completamente sua forma de atuação no mercado, muitas vezes transformando todo um setor. Essa ação é complexa e envolve estrutura operacional, recursos tecnológicos e financeiros que sustentem a criação de um novo valor a ser oferecido ao mercado e ao cliente;

- *cadeia de suprimentos* – envolve mudanças na aquisição de insumos de fornecedores ou no fornecimento dos mesmos a outras empresas e clientes.

Principais modelos e tipos de inovação

Meira (2013) cita pelo menos três tipos básicos de inovação: (a) a de empoderamento, que cria novas categorias de produtos, sejam bens ou serviços, gerando novas demandas por competências e estimulando o mercado de trabalho; (b) a de substituição, que leva à troca dos produtos atuais, estimulando a melhoria das demandas atuais; e, (c) a de eficiência, que melhora as condições de produção dos produtos existentes, sendo internas às empresas e, na maioria das vezes, imperceptíveis ao ambiente externo.

Ries (2012) afirma que, apesar de a inovação ser algo que se dá de baixo para cima, descentralizada e imprevisível, não significa que não possa ser administrada. Ele cita três tipos básicos de inovação: (a) a incremental, em que um produto novo e melhor sustenta o negócio em questão; (b) a de ruptura, em que um produto novo e muito mais simples e acessível atinge novos consumidores e acaba por transformar todo o mercado, geralmente eliminando competidores antigos; e, (c) a de modelo de negócios, cujo objetivo é a forma de conduzir, gerenciar e gerir o negócio e não apenas o produto ou a tecnologia. Nesse contexto, Kumar (2006) assinala que inovação também pode ser classificada como incremental ou radical, conforme explicamos a seguir.

Inovações podem surgir nas empresas de diferentes formas. Muitas empresas estão à procura de uma grande ideia, uma criação genial capaz de mudar o mercado e, consequentemente, sua história. Entretanto, a grande maioria das inovações surge no dia a dia das operações e promove avanços tecnológicos importantes. Essa categoria é conhecida como "inovação incremental", ou seja, aquela que fomenta melhorias contínuas, a partir de uma base de conhecimento já estabelecida, mas suficiente para proporcionar melhores resultados. Entretanto, em determinadas situações, a inovação acontece de forma intensa, abrupta, suficientemente nova para mudar completamente o produto ou serviço, o modelo de negócio ou a maneira de adicionar valor para o cliente. Aqui, se fala da "inovação radical", aquela capaz de promover profundas mudanças na organização. Em trabalho posterior, Kumar (2008) oferece um esquema para diferenciar ambas, ilustrado no quadro 3.

Quadro 3
DIFERENÇAS ENTRE INOVAÇÃO INCREMENTAL E INOVAÇÃO RADICAL

Inovação incremental	Inovação radical
Parte de base já existente.	Parte de base totalmente nova.
Maior facilidade para obter recursos financeiros.	Maior dificuldade para obter recursos financeiros.
Maior apoio político interno.	Maior resistência interna por receio de insucesso.
Maior previsibilidade em relação aos mercados interno e externo.	Risco de não aceitação pelo cliente.
Menor desafio ao status quo.	O caminho para o "oceano azul".

Fonte: Kumar (2008).

Pela análise do quadro 3, pode-se observar que a inovação incremental reúne características mais acessíveis para se realizar, especialmente no ambiente empresarial.

Além dos dois tipos de inovação descritos, podemos também identificar outros tipos, discutidos a seguir.

Inovação aberta

A inovação sempre foi considerada estratégica para a grande maioria das empresas. Durante bom tempo, os processos de inovação foram considerados extremamente confidenciais, tendo poucos funcionários envolvidos (identificados como "pessoas-chave"), restritos ao setor de pesquisa e desenvolvimento de novos negócios. O risco de ser copiado pela concorrência era o maior temor. Por isso, o mercado só conhecia a inovação praticamente quando era lançada. Mais recentemente, com o advento da globalização, da mudança de foco estratégico da empresa para o mercado e da crescente importância do relacionamento com o cliente, as empresas começaram a entender que a inovação poderia partir de fontes externas, mais próximas das necessidades do público-alvo, e que parcerias com outras instituições poderiam potencializar o processo de inovação. Assim, segundo Chesbrough (2006), surgiu a chamada "inovação aberta", um processo de mudança da cultura corporativa no qual a empresa obtém a inovação fora da organização. Tal ação pode ser proveniente de diversas fontes, como outras empresas parceiras, clientes (via mídias sociais, internet ou campanhas de marketing específicas), universidades ou centros de pesquisas.

No caso da inovação aberta, porém, surge a questão: qual seria o interesse das pessoas em contribuir com empresas, gerando ideias que podem se transformar em grandes novidades e valores no mercado? Leitor, se você pensa em retorno financeiro, pode estar enganado, pois muitos compartilham pensamentos inovadores também por satisfação pessoal. A possibilidade de fazer parte da história da empresa, bem como os ganhos de reputação também são motivadores. Outros têm por objetivo ter o *case* para contar e para usar como referência no mercado, para benefícios futuros. Interessante e agradável, não acha?

Finalmente, precisamos assinalar que criar uma cultura de inovação aberta nas empresas não é simples. Os desafios são grandes no sentido de desenvolver uma cultura efetivamente voltada para a inovação aberta. Em muitas empresas, ainda se discute se as inovações vindas de usuários de fora representariam oportunidade ou ameaça. Outro ponto relevante e dificultador é selecionar as melhores ideias e identificar quais inovações são realmente úteis.

Inovação disruptiva

Este tipo, descrito por Christensen (2011), assinala que, para criar algo realmente inovador nas empresas, é preciso quebrar todos os paradigmas, propor algo que definitivamente seja capaz de oferecer ao cliente uma solução única, nunca antes imaginável, rompendo com todos os padrões vigentes até o momento. As empresas devem percorrer territórios desconhecidos em busca de propostas de valor originais. A inovação disruptiva exige das empresas uma mudança radical na mentalidade, na cultura e na maneira de enxergar seu negócio no presente e no futuro. Essas inovações podem ser de dois tipos: (a) aquelas dirigidas à base da pirâmide, um segmento de consumidores para quem a oferta existente é cara em função do benefício por ela proporcionado e (b) aquelas que criam mercados inteiramente novos ao permitir que as pessoas façam por conta própria algo que demandava ajuda especializada. Se a intenção de uma empresa é promover uma inovação por ruptura, é fundamental pensar nos clientes e não nas tarefas ou na especificação técnica de um produto; pensar o que é necessário ser feito e que os concorrentes não estão fazendo. Finalmente, não se devem ouvir os clientes, pois eles dificilmente vão verbalizar uma necessidade que nem eles mesmos pensam que existe.

Inovação reversa

Esse tipo de inovação foi proposto inicialmente por Govindarajan (2012). O racional dessa metodologia está no fato de que as oportunidades de inovação estão em toda parte, não somente nos países desenvolvidos, acostumados a protagonizar a criação no mundo moderno. Entretanto, para identificar oportunidades em mercados emergentes, é necessária uma completa mudança na forma de enxergar o mercado. Inovar em mercado emergente com a mente e visão dos desenvolvidos pode não ser um bom caminho. Por outro lado, o princípio da inovação reversa é observar inicialmente como as necessidades de sociedades emergentes podem ser atendidas, de forma simples, prática, barata e de fácil aplicabilidade. É importante salientar, mais uma vez, a necessidade de ver o mundo por essa ótica (e não pelo ângulo de visão dos países ricos, onde as inovações envolvem altas tecnologias, são complexas e caras). A partir daí é que o conceito efetivamente se aplica. A inovação reversa acontecerá quando a ideia, o protótipo ou mesmo o resultado final criado pela ótica do mercado emergente ganha o mercado dos países ricos, criando novas oportunidades e encontrando novas aplicações do objeto inovador. É uma inversão do modelo mais convencional, em que a inovação proveniente da matriz, normalmente em um país rico, é adaptada e imposta aos mercados emergentes. Assim, a inovação em reverso é aquela adotada primeiro nos mercados emergentes e, depois, "exportada" para os mercados ricos. O primeiro e mais famoso estudo de caso foi o da máquina de ultrassom da General Eletrics, a GE Logic, que custa na faixa dos US$ 15 mil. Modelos tradicionais e sofisticados da GE podem custar mais de US$ 60 mil. A GE Logic, um aparelho mais simples e de fácil operação, foi criada na subsidiária da GE na China, voltada para a assistência à população carente. A GE decidiu, então, levar esse novo produto ao mercado americano, onde prevê que as vendas vão ganhar impulso, devido à busca de soluções de baixo custo.

Habilidades e características do inovador

Ter características de um profissional inovador é o desejo e o desafio de muitos. Possivelmente todo ser humano tenha um potencial inovador, que precisa ser desenvolvido e lapidado. As habilidades necessárias ao inovador são diversas e envolvem grande complexidade. Muitas delas são intangíveis e envolvem uma série de conhecimentos e experiências prévias. Em resumo: descrever o perfil do inovador não é tarefa fácil. O quadro 4 mostra 10 habilidades que caracterizam o profissional inovador:

Quadro 4
HABILIDADES DO PROFISSIONAL INOVADOR

1	Abertura para "pensar fora da caixa" (*thinking outside the box*).
2	Capacidade de prever o futuro.
3	Talento e bom capital intelectual.
4	Elevado conhecimento técnico.
5	Preparo para enfrentar mudanças e quebrar paradigmas.
6	Disposição para assumir riscos.
7	Foco na solução de problemas importantes para os clientes.
8	Motivação.
9	Pensamento sistêmico.
10	Busca e exibição de liderança e autonomia.

O significado e a importância das habilidades relacionadas no quadro 4, leitor, podem ser mais bem compreendidos a seguir:

❑ *abertura para "pensar fora da caixa"* (*thinking outside the box*) – significa ser capaz de analisar e compreender determinado fenômeno com uma visão ampla, abrangente, que transcende as fronteiras técnicas e os conceitos preestabelecidos sobre o tema. A expressão pode ser entendida como uma maneira de livre pensar, na qual ideias e conhecimento fluem e ultrapassam as fronteiras do óbvio e do convencional. Para desenvolver essa habilidade, os paradigmas devem ser deixados de lado e os preconceitos, combatidos. Em princípio, tudo pode ser permitido e possível, desde que respeitem a legalidade e os valores da empresa. "Pensar fora da caixa" pode ser um exercício pessoal, mas o ideal é que seja aberto a um grupo, em que as propostas circulam, são discutidas e amadurecidas. Assim, há um efeito somatório e as ideias passam a ser aperfeiçoadas ou trabalhadas por novos ângulos;

❑ *capacidade de prever o futuro* – significa ver além, onde a maioria não consegue enxergar e não está relacionada a previsões futuras, com base em dados estatísticos. É ser capaz de fazer uma leitura do cenário, do mercado, do comportamento do cliente, observando tendências futuras, identificando pequenos sinais de mudanças ou de determinadas características latentes que poderão ser ampliadas e evidenciadas no futuro. Com essa habilidade, torna-se possível antecipar ações e oferecer algo novo, de forma pioneira;

❑ *talento e bom capital intelectual* – o inovador é uma pessoa genuinamente talentosa, possui inteligências múltiplas e capital intelectual suficiente para desenvolver ideias geniais, encontrar novas soluções ou mesmo aperfeiçoar soluções existentes. Esse é um conceito extremamente amplo, multidisciplinar, segundo o qual experiências passadas, as mais diversas possíveis, podem ser úteis na formatação e viabilização de uma ideia;

❑ *conhecimento técnico* – domínio específico de uma determinada técnica, processo ou funcionamento, que será fundamental no desenvolvimento prático da ideia. Com o conhecimento técnico, é possível reter a tecnologia da criação por mais tempo, além de aumentar o nível de dependência em relação ao inovador. Não é uma habilidade vital, mas é recomendável;

❑ *preparo para enfrentar mudanças e quebrar paradigmas* – essa é uma das características mais difíceis de praticar. O ser humano é tipicamente conservador no que tange a suas atitudes em relação ao novo. O desconhecido gera ansiedade, insegurança, medo, o que acaba se tornando uma barreira e conduzindo ao estado de conforto. A previsibilidade de fazer, pensar e agir como a sociedade convenciona é o habitual, o que dificulta enormemente a inovação. Essa é uma das inúmeras razões que explicam por que a inovação é, ainda hoje, muito mais um conceito a ser desenvolvido do que uma atitude a ser tomada. A regra é pensar diferente, fora dos padrões, questionar o óbvio, entender que a verdade de hoje é uma circunstância da realidade do momento, que pode ser alterada. A verdade do futuro pode não ter absolutamente nada a ver com a verdade de hoje;

❑ *disposição para assumir riscos* – o risco é parceiro da inovação. Não é possível inovar sem apostar no incerto. Se o objetivo é quebrar paradigmas, antever o mercado e ser pioneiro, certamente é impossível assegurar o sucesso. Falhas podem acontecer, mas, sem a coragem de arriscar, nada será alcançado;

❑ *foco na solução de problemas importantes para os clientes* – essa regra é fundamental para o sucesso da inovação. Muitas empresas ainda estão presas a departamentos de pesquisa e desenvolvimento de produtos, tentando aperfeiçoar algo pela ótica interna, técnico-operacional da engenharia do processo. É necessário mudar rapidamente o foco e a cultura da organização e voltar-se para o cliente e o mercado. A empresa deve se concentrar em desenvolver soluções que atendam às necessidades dos clientes, se possível aquelas ainda não resolvidas e que demandam enorme esforço;

❑ *motivação* – inovadores possuem uma motivação elevada, que os estimula e impulsiona; algo como uma força interna propulsora que energiza as ideias e minimiza os riscos. A motivação ajuda a manter o foco e o pensamento positivo;

❑ *pensamento sistêmico* – permite ao inovador integrar dados e informações díspares; estimula a curiosidade pelo desigual e pelo diferente; possibilita analisar um problema segundo diversos pontos de vista e entendê-lo a partir de várias perspectivas;

❑ liderança e autonomia – inovadores normalmente gostam de fazer sua própria pesquisa de mercado. Em particular, querem entender melhor as necessidades dos clientes, ainda que sejam desconhecidas por eles próprios. Assumem a frente do processo, liderando os demais envolvidos, funcionando como promotores reais da inovação. Habitualmente, reivindicam o poder hierárquico para obter recursos e remover obstáculos, além de acessar relacionamentos por meio do *networking*, tanto interno quanto externo à organização.

Resumo do capítulo

No contexto da cultura da inovação, como você pôde observar, leitor, primeiramente abordamos os ambientes e objetos da ação inovadora. Em seguida, identificamos os principais tipos e modelos de inovação utilizados por indivíduos, empresas e organizações. Ao final, caracterizamos o perfil genérico do agente inovador.

No próximo capítulo, discutiremos algumas situações de inovação aplicadas ao ambiente empresarial e sua relação com a sociedade.

3

Inovação no ambiente empresarial

Neste capítulo, leitor, o objetivo é discutir a inovação aplicada ao ambiente empresarial. Para tanto, inicialmente, abordamos os aspectos diretos da inovação nas empresas e identificamos as características de uma empresa inovadora. Em seguida, comentamos o modelo inovador baseado nas *startups*. Finalmente, apresentamos um esboço da rede de apoios institucionais à inovação e às *startups*.

Inovação nas empresas

Segundo Machado (2004), os elementos que formam a cultura da organização e sua relação com a inovação são os valores, as crenças e pressupostos, os ritos, rituais e cerimônias, as histórias e mitos, os tabus, os valores, a comunicação, os artefatos e os símbolos. Destacam-se, desses elementos, os tabus, que constituem algo que as pessoas "não concordam nem discordam", isto é, preferem não relacionar.

A partir da observação, o autor ainda afirma que, proporcionalmente, organizações maiores tendem a adotar mais inovações que organizações menores pelo fato de deterem mais disponibilidade de recursos, condições econômicas e capital intelectual para investir em novas ideias. Empresas de menor porte econômico possuem seus recursos financeiros e intelectuais comprometidos e menos disponíveis para a inovação. Nesse contexto, Machado (2004:10) observa que "o tamanho poderá afetar indiretamente a inovação, pois poderá promover o aumento da centralização, da diferenciação e da complexidade".

Brasil, Nogueira e Forte (2011:53), entretanto, assinalam que as grandes, pequenas ou médias empresas têm capacidade para inovar dependendo do contexto em que cada uma se insere. Ainda que grandes empresas tenham maior capacidade para inovar em diferentes contextos, as pequenas e médias empresas (PMEs) também podem inovar se favorecidas por "ambientes com ricas parcerias e alianças entre empresas e outras instituições, apoiadas por um sistema nacional de inovação bem construído". Desse modo, as PMEs seriam favorecidas por suas estruturas mais enxutas e dinâmicas.

Aspecto preocupante sobre a inovação nas empresas brasileiras é assinalado por André Neto e colaboradores (2013), quando afirmam que o Brasil tem pouca tradição na realização de investimentos significativos em pesquisa e desenvolvimento, o que leva a baixos níveis de inovação, principalmente as radicais. Isso a despeito de o empreendedor contar com uma ampla gama de programas governamentais que fornecem apoio tecnológico e creditício em condições muito vantajosas para o inovador.

Tratando da relação entre inovação e empresas, Meira (2013) considera que empresas são abstrações formadas por redes de pessoas com competências para resolver problemas e que, nesse ambiente, desenvolver negócios inovadores passa, necessariamente, pelas capacidades de esclarecer, idealizar, desenvolver e implantar, por meio das equipes. Ele observa que redes sociais verdadeiras são ambientes que diminuem a assimetria de informação e isso, na prática, aproxima as pessoas e as ideias. Essa proximidade favorece a identificação de novas demandas e de novas ofertas, impulsionando a inovação nas empresas. Aliás, o autor ressalta que empresas são abstrações formadas por redes de pessoas que devem ter certos conjuntos de competências para resolver problemas. Nas empresas e negócios inovadores, há necessidade de esclarecer, idealizar, desenvolver e implantar produtos e processos, o que pode e deve ser realizado por equipes de pessoas. Aprender, criar, inovar e empreender são atitudes complexas que implicam descobrir e/ou criar espaços e comportamentos, produtos, serviços, métodos, processos e modelos de negócio.

Ries (2012), também analisando a relação entre inovação e empresa, ressalta a intensa busca por capacidade gerencial criativa. Para ele, cada inovação compete por recursos com projetos estabelecidos, sendo o talento pessoal um dos mais escassos.

Outro aspecto salientado por Meira (2013) se refere à relação entre o modelo de negócio e a inovação, no ambiente empresarial. Segundo o autor, o modelo de negócio é ponto central e crucial da inovação e da criação de valor, e deve interagir com as novas tecnologias. Com isso, o modelo aumenta sua ação quando "reescreve" parte do mercado ou da atuação da firma nele.

No que respeita ao modelo de negócio, Gilliard (s.d.) indica que ele relaciona os processos e decisões que o negócio deve seguir para gerar retorno, bem como seus custos e riscos. Avançando nesse aspecto, o autor sugere o modelo de inovação de negócio como um redesenho do modelo tradicional de negócio. Sua finalidade é incrementar retorno, elevar a produtividade e reduzir custos e riscos. Nele, a inovação afeta os processos internos, distantes do cliente, e dificulta a cópia pelos concorrentes, aumentando a vantagem competitiva da empresa. Contudo, o próprio autor alega que é um modelo com elevado grau de dificuldade de aplicação pelo fato de requerer uma nova rede de valores e novas formas de relacionamento com os clientes. Isso pode acabar comprometendo as relações existentes, e o elevado número de inovações estimulado pelo modelo pode dificultar a gestão dos riscos associados.

Mas será que inovar vale a pena? No primeiro momento, parece ser uma pergunta com resposta óbvia, mas as empresas ainda relutam em promover e investir em inovação por ser esta uma variável intangível, de difícil mensuração de resultados e plena de riscos. Porém é senso comum que empresas que utilizam modelos de negócios baseados em inovação e propriedade intelectual são mais valorizadas pelo mercado financeiro.

Gallo (2010) afirma que a "inovação incrementa a produtividade, e a produtividade aumenta a possibilidade de renda maior, lucros maiores, novos empregos, novos produtos e uma economia próspera".

A empresa inovadora

O mundo globalizado e cada vez mais competitivo impõe enormes desafios às empresas. Um tema que vem sendo intensamente debatido e discutido, tanto no mundo corporativo quanto no acadêmico, é a inovação. A velocidade das mudanças sociais, econômicas e tecnológicas desatualiza rapidamente o saber e as informações. Nenhuma empresa pode se considerar atualizada, a não ser por alguns momentos. Assim, todas deverão lutar contra parte de seu passado para inovar e se transformar. Há uma necessidade premente de criar produtos de sucesso, capazes de encantar clientes e gerar grande demanda e lucros. Diante disso, as empresas buscam caminhos e estratégias capazes de promover as mudanças organizacionais necessárias.

Inovar está relacionado com algo "novo", e esse conceito é diretamente relacionado ao momento atual. Isso quer dizer que uma solução será nova enquanto outra melhor não surgir, melhorando ou mudando completamente o conceito e fazendo com que a novidade se transforme em obsolescência. Diante desse raciocínio, teoricamente nada está imune à inovação. Todo produto, processo, ferramenta, modelo de negócio pode ser transformado ou modificado a ponto de resultar em algo novo e melhor. É com base nesses princípios que as empresas devem se desenvolver para se tornar inovadoras. Porém levanta-se a questão: é fácil se tornar uma empresa inovadora? Certamente não, porque para isso são necessárias habilidades e atitudes corporativas, difíceis de serem implementadas na prática. Basta analisar a grande maioria das empresas conhecidas para concluir que boa parte delas faz o que todas fazem. Aquelas que são realmente inovadoras são poucas, em um universo de milhares.

Na verdade, muitos gestores desejam que suas empresas sejam inovadoras, mas enfrentam as dificuldades inerentes à própria inovação, entre as quais pelo menos duas merecem ser citadas: (a) muitas empresas estão presas às questões financeiras e de rentabilidade imediata para os acionistas, tornando-se reféns do próprio crescimento e (b) muitas empresas acreditam que a inovação virá de uma grande ideia, transformadora e capaz de mudar a vida, a história e os lucros da empresa, tornando-se obcecadas, cegas e totalmente focadas em grandes soluções. Com isso, deixam passar despercebida uma série de boas ideias, fruto da inovação incremental, esta muito mais corriqueira e frequente, mas que mantém a organização em crescimento.

Segundo Meira (2013), na prática é preciso combinar duas culturas no ciclo de vida dos negócios: a de performance e a de inovação. E isso não é fácil, leitor, porque elas focalizam coisas diferentes e estão em diferentes partes da vida corporativa. A de performance busca a melhoria dos processos já existentes; a de inovação procura a geração de novos processos e produtos. Para o autor, novos negócios inovadores de crescimento empreendedor são construídos com investimentos inteligentes, que têm agenda, *design* e estão conectados a múltiplas redes de valor.

Após estudar 759 companhias Tellis, Prabhu e Chandy (2009) afirmam que a cultura corporativa é o principal motor propulsor do processo da inovação nas empresas, superando o trabalho, o capital intelectual, os recursos financeiros ou os incentivos governamentais. Essas conclusões levam a duas questões importantes: (a) Como é uma empresa com uma cultura inovadora? (b) Se a empresa não possui essa cultura, há algum caminho para criá-la?

Rao e Weintraub (2013) propõem que a cultura inovadora pode ser construída sobre seis pilares dinamicamente inter-relacionados: recursos, processos, sucesso, valores, comportamentos e clima organizacional. Os três primeiros costumam receber uma atenção maior das empresas por serem tangíveis e mais facilmente mensuráveis. Os três últimos usualmente são negligenciados pela dificuldade em quantificar, sendo determinantes orientados pelas pessoas. Examinando cada um dos pilares:

❑ *recursos* – envolvem pessoas e projetos, mas as pessoas têm uma importância especial pelo impacto que promovem nos valores e no clima organizacional;

❑ *processos* – são as etapas, e o caminho a ser seguido pelo inovador durante o desenvolvimento da ideia;

❑ *sucesso* – o sucesso de uma inovação pode ser expresso em níveis externo, empresarial e pessoal. A percepção externa está relacionada com a avaliação de clientes e concorrentes em relação à capacidade inovadora da empresa; o sucesso tem ainda um importante efeito interno dentro da empresa, pois reforça valores, fortalece a cultura e aperfeiçoa processos; finalmente, o sucesso direciona para o incentivo às pessoas, que se sentem recompensadas, estimuladas e motivadas para novas iniciativas inovadoras;

- *valores* – expressam-se, na verdade, muito mais nas atitudes e comportamentos do que se registram em relatórios e planos estratégicos. Os valores direcionam as prioridades e as decisões, estimulam a criatividade e a liberdade de ideias, motivam e recompensam pessoas;
- *comportamento* – refere-se a como as pessoas agem na direção da inovação; é a expressão prática dos valores. Empresas inovadoras agem como tal;
- *clima organizacional* – é o terreno fértil em que nascem as ideias inovadoras. Um clima inovador cultiva engajamento e entusiasmo, desafia as pessoas a assumirem riscos dentro de um ambiente seguro, promove a aprendizagem e incentiva o pensamento livre e independente.

Gerar propostas adequadas de inovação dentro das empresas é apenas o começo. A parte mais difícil é selecionar quais ideias são prósperas para serem implementadas. Existem muitas teorias, artigos científicos e consultores especializados em transformar as corporações em fontes de ideias criativas. Segundo André Neto e colaboradores (2013:89), estimular a proposição interna de inovação (intraempreendedorismo) é vantajoso para a empresa pela sua contribuição para o aumento da produtividade. Outra vantagem é que possibilita distribuir as ações de pesquisa e desenvolvimento para os diferentes departamentos da empresa "aumentando sua eficácia e, muito importante, reduzindo o tempo de introdução de novos produtos no mercado".

Entretanto o problema, para a maioria das grandes organizações, geralmente não é a falta de ideias. O verdadeiro desafio é descobrir como fazer com que tais ideias se tornem viáveis. Para que isso aconteça, é preciso desenhar processos específicos a fim de que a ideia inovadora possa ser identificada, avaliada, desenvolvida e implementada. A maioria das empresas reluta em investir quantias significativas de dinheiro para avaliar ideias, a menos que existam boas razões para acreditar que haverá uma recompensa. Isso é razoável, pois seria insensato "perder dinheiro" na implementação de ideias ruins, o que seria difícil de justificar para acionistas e investidores.

Inovação e estratégia empresarial são atitudes convergentes. O mundo globalizado e competitivo exige uma tomada de decisão inovadora associada a uma estratégia que privilegie a entrega de valor ao mercado e ao cliente. Por isso, a inovação deve permear o ambiente, as decisões e os planejamentos estratégicos das empresas. Nesse contexto, a inovação deve estar orientada e comprometida com os resultados perseguidos pelas empresas.

Uma estratégia inovadora deve contemplar a oferta de soluções desejadas e demandadas pelos clientes. Além disso, deve romper padrões, promover vantagens competitivas para as empresas e transformar mercados. Internamente, deve promover ambientes criativos e inspiradores, motivando os empregados a compartilhar criatividade (*coworking*). Externamente, deve energizar a marca, despertar a admiração dos clientes, impressionar os concorrentes e renovar os mercados. Combinadas, inovação e estratégia tornam-se um poderoso instrumento de inserção e posicionamento empresarial.

Estudos têm mostrado que poucas sugestões dos funcionários para novos produtos ou processos fornecem um valor significativo para as organizações (Reitzig, 2011). Para aumentar o número de potenciais *blockbusters* (ideias de sucesso), o ideal é começar com o maior número possível de funcionários e incentivá-los a contribuir com suas próprias ideias, antes de discuti-las em grupos. Para sistematizar o processo de geração de ideias dentro das empresas, é fundamental:

❑ *reconhecer e afastar os preconceitos* – as diferenças existem no mundo corporativo e podem se tornar barreiras à inovação.

Os preconceitos podem ocorrer entre níveis hierárquicos (não aceitar ideias oriundas de funcionários de nível hierárquico mais baixo), entre países e culturas (ideias que vêm de diferentes sedes da empresa) e entre diversos setores internos e unidades de negócio (conflito e competição interna entre diversos departamentos). As propostas tendem a ser mais bem aceitas quando são provenientes de pessoas do mesmo setor, mesma unidade de negócio, mesma equipe, dentro do mesmo país;

- *dimensionar o tamanho da proposta* – refere-se à extensão do projeto inicial, à forma como ele é apresentado e a seu nível de clareza e objetividade. Propostas complexas e/ou longas demais tendem a ser negligenciadas por gestores responsáveis pela análise devido à "falta de tempo" para a avaliação. Por outro lado, simplicidade excessiva pode gerar desinteresse e incompreensão por parte dos mesmos. Ideias precisam ter o tamanho ideal, ser claras, objetivas e capazes de, sinteticamente, encantar gerentes e diretores;

- *estimular ideias que geram maiores oportunidades* – ideias inovadoras devem propor soluções e gerar boas oportunidades. Há uma tendência de que os projetos cujos objetivos sejam evidentes e reconhecidamente positivos para a empresa recebam maior atenção;

- *promover a cultura organizacional* – empresas acostumadas à inovação recebem novas propostas com muito mais tranquilidade e com muito menos resistência.

Atualmente, muitas empresas mundo afora têm se preocupado com algo além de desenvolver produtos e serviços inovadores. Para produzir efetivamente os resultados desejados, a inovação precisa cruzar as fronteiras e ir além de oferecer uma nova tecnologia, um novo processo ou modelo de negócio: precisa ser sustentável. Certamente, ações sustentáveis voltadas para as questões ambientais são extremamente importantes no mundo moderno. Contudo hoje é importante entender a sustentabilidade como algo bem mais amplo. Com base nisso, propomos ampliar o conceito de sustentabilidade para qualquer ação desenvolvida ou implementada pela empresa que a ajude a suportar ou dar base a seu crescimento. Assim, além de ações inovadoras que preservem o meio ambiente ou sejam responsáveis socialmente, são consideradas sustentáveis decisões de responsabilidade fiscal e tributária, de gestão de pessoas, boas práticas financeiras e contábeis, redução de custos e novas estratégias de sucesso. Mais recentemente, cresce no mundo corporativo a ideia da inovação social, quando uma organização empresarial precisa focar no seu melhor: inovar para ser rentável, mas, acima de tudo, atender às necessidades da sociedade, tornando a vida das pessoas cada vez melhor.

O modelo startup

Em período recente, a forma mais marcante de inovação no ambiente empresarial se reflete pela criação das chamadas *startups*.

Meira (2013) define uma *startup* como "a conjunção entre trabalho e pessoas que têm foco, alavancagem, zelo, engajamento e responsabilização". Segundo ele, as *startups* são times coesos focados na solução de problemas.

Ries (2012) conclui que "uma *startup* é uma instituição humana projetada para criar novos produtos e serviços sob condições de extrema incerteza". Nesse contexto, não importa a natureza – pública ou privada – ou o porte econômico da empresa. Para ele, o objetivo de uma *startup* é "criar um negócio próspero e capaz de mudar o mundo". Seu valor está em aprender como desenvolver um negócio sustentável.

Outra interessante definição é apresentada pela Associação Brasileira de Startups – ABStartups (s.d.), que assinala: "*startups*

são empresas em fase inicial que desenvolvem produtos ou serviços inovadores, com potencial de rápido crescimento." Sua diferença em relação aos empreendimentos tradicionais é que possuem grande potencial de crescimento em função do volume de capital investido. Outro aspecto é que as *startups* procuram ser intensamente escaláveis e repetíveis e, por isso, seu berço mais natural é a internet.

De um ponto de vista mais pragmático, conforme Ries (2012), as *startups* são construções empresariais muito sensíveis e complexas para administrar. No caso do orçamento, por exemplo, ele ressalta que um valor muito pequeno pode ser tão prejudicial quanto outro muito grande. No primeiro caso, por estrangular os processos; no segundo, por não poder realizá-lo intensamente como planejado, devido à extrema incerteza que enfrenta. O autor ressalta que os inúmeros fracassos das empresas "ponto com" atestam esse evento.

A associação entre inovação e o modelo *startup* tem promovido uma intensa proliferação de negócios, especialmente baseados na internet, movimentando vultosas somas de dinheiro. Alguns exemplos de *startups* de sucesso oferecidos por Lam (2013) em matéria publicada na revista *Exame* são relacionados a seguir:

❑ *PayPal*: fundada em 1998, na Califórnia, Estados Unidos, pelos empreendedores Peter Thiel e Max Levchin, tem por objetivo oferecer um sistema para envio e recebimento de pagamentos online. Em 2002, foi adquirida pelo eBay;

❑ *LinkedIn*: lançada oficialmente em 2003, é uma rede social voltada para profissionais e conta com 225 milhões de usuários. Sendo uma empresa de capital aberto, tem Jeff Weiner como CEO da marca desde 2008;

❑ *Airbnb*: fundada em 2008, por Joe Gebbia, Brian Chesky e Nathan Blecharczyk, permite que viajantes aluguem espaços ao redor do mundo e já recebeu investimentos de milhões de dólares;

❑ *ContaAzul*: fundada em 2011 por Vinicius Roveda, oferece uma plataforma de gestão financeira online para micro e pequenas empresas. Foi selecionada pelo programa de aceleração americano da 500 Startups, no Vale do Silício, nos Estados Unidos;

❑ *GetNinjas*: fundada em 2011 por Eduardo L'Hotellier, funciona como uma plataforma para contratação de serviços como reformas, limpeza, assistência técnica, entre outros. Foi eleita a melhor *startup* brasileira de 2012 pelo The Next Web.

Rede de apoio tecnológico e financeiro

É importante salientar que a inovação nas empresas é apoiada por organizações de diferentes naturezas, interesses, operações e públicos. Entre as principais, podem ser identificadas:

❑ Ministério da Ciência, Tecnologia e Inovação <www.mcti.gov.br/>, que concentra o maior grupo de políticas, programas e medidas de apoio voltados para a inovação nas empresas. Entre elas pode-se citar a Política Nacional de Pesquisa Científica, Tecnológica e Inovação;

❑ Secretaria de Inovação do Ministério do Desenvolvimento, Indústria e Comércio Exterior <www.mdic.gov.br>, cujo objetivo é promover a inovação nas empresas apoiando o desenvolvimento, a disseminação da cultura de inovação por meio da elaboração de políticas de competitividade dos produtos da indústria e empresas de serviço;

❑ Banco Nacional de Desenvolvimento Econômico e Social (BNDES) <www.bndes.gov.br>, que tem na inovação um objetivo estratégico e que, por meio dele, visa fomentar desenvolvimento de ambientes inovadores, posicionamento competitivo das empresas, criação de empregos, sustentabilidade ambiental e o crescimento sustentado do país;

❑ Finep – Inovação e Pesquisa <www.finep.gov.br>, que é uma empresa pública vinculada ao MCTI, criada em 1967, cuja finalidade é o fomento público à ciência, tecnologia e inovação em empresas, universidades, institutos tecnológicos e outras instituições públicas ou privadas. A Finep busca atuar na cadeia da inovação, com foco em ações estratégicas, estruturantes e de impacto para o desenvolvimento sustentável do Brasil;

❑ Serviço Brasileiro de Apoio às Micro e Pequenas Empresas (Sebrae) <www.sebrae.com.br>, que vem a ser um agente de capacitação e de promoção do desenvolvimento dos pequenos negócios de todo o país. Entre seus temas de trabalho estão o empreendedorismo e a inovação, com a expectativa de contribuir para a competitividade e a sustentabilidade dos empreendimentos de micro e pequeno porte;

❑ Agência Brasileira de Desenvolvimento Industrial (ABDI) <www.abdi.com.br> responsável pela Política Industrial, Tecnológica e de Comércio Exterior cujo objetivo é fortalecer e expandir a base industrial brasileira por meio da melhoria da capacidade inovadora das empresas;

❑ Instituto Nacional de Empreendedorismo e Inovação (Inei) <www.inei.org.br>, uma organização de direito privado, com o objetivo de alavancar o capital intelectual e social do Brasil por meio do desenvolvimento do empreendedorismo inovador em organizações de micro, pequeno, médio e grande portes dos setores público, privado e terceiro setor;

❑ Associação Nacional de Pesquisa e Desenvolvimento das Empresas Inovadoras (Anpei) <www.anpei.org.br>, criada em 1984 com o objetivo de estimular a inovação nas empresas como fator estratégico para a competitividade e produtividade das companhias e para a política econômica, industrial, científica e tecnológica do país;

❑ Associação Brasileira de Startups (ABStartups) <www.abs-tartups.com.br>, rede de empreendedores fundada em 2011 como uma organização sem fins lucrativos baseada no interesse em representar as *startups* brasileiras e com os objetivos de apoiar o empreendedorismo tecnológico nacional e elevar a qualidade e competitividade das *startups* nacionais.

Além das instituições elencadas, existem outras iniciativas cuja especialidade é organizar o financiamento da inovação para as empresas e, especialmente, para as *startups*, por meio de doações coletivas (*crowdfunding*) conduzidas por meio de sites na internet. Entre as mais conhecidas e ativas, voltadas para o *crowdfunding*, citamos a Kickstarter <www.kickstarter.com>, a Kickante <www.kickante.com.br>, a Catarse <www.catarse.me> e a Love Money <www.lovemoney.com>.

Resumo do capítulo

Neste capítulo, leitor, procuramos discutir a inovação aplicada ao ambiente empresarial. No primeiro momento, abordamos os aspectos diretos da inovação nas empresas e identificamos as características de uma empresa inovadora. Em seguida, comentamos o modelo *startup* de desenvolvimento de negócio. Ao final, apresentamos alguns atores que compõem a rede de apoios institucionais à inovação e às *startups*.

No capítulo seguinte, baseados na discussão sobre inovação, conduzida até aqui, tratamos das questões relacionadas à gestão do conhecimento, enfatizando sua importância para as empresas.

4

Motivos e desafios da gestão do conhecimento

Neste capítulo, leitor, contextualizamos a evolução do conhecimento nas sociedades e identificamos os fatores motivacionais para gestão do conhecimento. Também descrevemos as etapas envolvidas na construção do conhecimento e explicitamos os principais desafios e motivadores para a implantação da gestão do conhecimento nas empresas.

Evolução e valoração do conhecimento

Comentamos, nos capítulos anteriores, que a inovação é uma importante habilidade que deve ser desenvolvida nas empresas e, certamente, um pré-requisito básico para a competitividade. Por isso torna-se necessário crescer e aperfeiçoar a capacidade inovadora. A gestão do conhecimento é uma ferramenta estratégica essencial e tem importante papel na habilidade das empresas em inovar com sucesso. A literatura é rica em trabalhos que demonstram que a gestão do conhecimento é fundamental para a criação e o desenvolvimento da inovação nas empresas. Há, portanto, uma forte relação entre gestão do conhecimento, inovação e performance organizacional (Esterhuizen et al., 2012).

Smith, Collins e Clark (2005) comprovaram, em estudo com 72 empresas de tecnologia, que o conhecimento existente na organização está diretamente relacionado com sua capacidade de gerar novos conhecimentos que, por sua vez, está diretamente relacionada com sua capacidade de inovação por meio do lançamento de novos produtos.

O conhecimento é considerado, portanto, um recurso de grande valor competitivo, pois fomenta a inovação, gerando vantagem competitiva sustentável para a empresa (Lemos e Joia, 2012).

Com a inovação representando um fator capaz de atuar como verdadeiro diferencial competitivo, tornou-se praticamente impossível proteger o patrimônio de uma organização sem gerenciar também seu conhecimento. Não é possível falar em gestão do conhecimento em organizações onde não existam as condições adequadas para a criação desse conhecimento. Diante dessa condição, é importante entender a evolução do conhecimento e seu tratamento como capital essencial das organizações.

Tratando-se de evolução do conhecimento, é sabido que há um processo de acelerada mudança ao longo do tempo. Na figura 1, apresentamos os diferentes estágios da evolução das sociedades.

As diferentes fases pelas quais a sociedade transitou são descritas a seguir:

❑ *fase extrativista* – identificada com o aparecimento do homem na Terra há milhares de anos. Naquela época as pessoas procuravam usufruir ou sobreviver a partir dos recursos que a natureza oferecia, pois não tinham ainda desenvolvido qualquer tecnologia que lhes permitisse se fixar e produzir seus alimentos. Desta forma, as pessoas eram nômades por natureza;

Figura 1
EVOLUÇÃO DA SOCIEDADE

SOCIEDADE DO CONHECIMENTO (40's) – PESSOAS
Suportada pela educação e P&D.

INFORMAÇÃO (40's) – TECNOLOGIA
Suportada pelas empresas e pessoas.

INDUSTRIAL (centenas de anos) MÁQUINA
Suportada pelo capital e trabalho.

AGRÍCOLA (milhares de anos) – TERRA
Suportada pela terra, escravos e capital.

CAÇADORES-EXTRATIVISTAS (–10 mil anos) – NATUREZA
Suportada pela caça e pesca, produção artesanal a partir de pequenos grupos.

Fonte: Rodriguez (2010).

❑ *fase agrícola* – foi quando as pessoas começaram a dominar as técnicas de cultivo da terra para sua sobrevivência. Nessa fase, o trabalho das pessoas era de grande importância, tanto como instrumento para o cultivo da terra quanto como capital acumulado para a geração de riqueza. Note-se que uma expressão de riqueza e poder estava associada ao número de trabalhadores envolvidos, o que, inclusive, deu margem ao domínio de outros homens como escravos;

❑ *sociedade industrial* – a partir de 1890, as pessoas começaram a dominar o processo de construir máquinas para a realização dos trabalhos antes executados por pessoas, o que promoveu maior produtividade no cultivo da terra. Ocorreram, nessa época, várias inovações disruptivas, incluindo a capacidade do homem de se locomover utilizando automóveis e de transferir energia para a movimentação das máquinas e equipamentos que possibilitaram às pessoas um aumento significativo da qualidade de vida;

❏ *sociedade da informação e do conhecimento* – a partir de 1944 as pessoas, tendo passado por duas grandes guerras mundiais, desenvolveram tecnologias capazes de acelerar o processamento das informações – antes dependente do cérebro humano –, aumentando a capacidade de solução de problemas, ainda que de forma bastante lenta para volumes elevados de dados. Nesse contexto, o computador surgiu como uma inovação disruptiva, promovendo ou permitindo às pessoas um diferencial no tempo de processamento dos dados e representando grande diferencial para o crescimento da sociedade.

A sociedade do conhecimento surgiu de uma forma bem modesta e nem sempre percebida por todos na década de 1940, mas, aos poucos, foi evidenciada sua importância para a geração de riquezas daqueles países que entenderam esse diferencial logo de imediato.

Conforme pode ser percebido na figura 2, que ilustra os elementos de liderança mundial, o diferencial entre países passou a ser a capacidade de acumular conhecimento e transformar esse conhecimento em valor para o mercado. Veja, por exemplo, na figura 2, que o alimento, na sua forma original, como a natureza oferece, vale uma unidade de valor por quilo. Já um computador, equipamento comum atualmente, vale R$ 1.500,00 por quilo. Ou seja, o valor para o mercado aumentou 1.500 vezes.

Se compararmos com um satélite, equipamento ainda mais sofisticado, esse valor por quilo tende a aumentar 20 milhões de vezes – um crescimento de valor espantoso.

E o que isso significa para o mundo moderno? Certamente, uma clara sinalização de que quanto mais conhecimento há incorporado em um equipamento ou sistema, maior valor este possui para o mercado.

Figura 2
MOTIVOS E VALORES DA LIDERANÇA MUNDIAL.

Fonte: Rodriguez (2010).

Essa diferenciação para o mercado em termos de valor é verificada de várias formas, como a apresentada na figura 3, na qual o valor dos intangíveis é assinalado. Nota-se que o valor das organizações, antes definido pelo valor dos seus equipamentos e infraestrutura, transitou para valores de difícil mensuração, como o conhecimento dos processos e pessoas e o valor da marca da organização, entre outros.

Figura 3
VALORIZAÇÃO DO INTANGÍVEL PARA O MERCADO

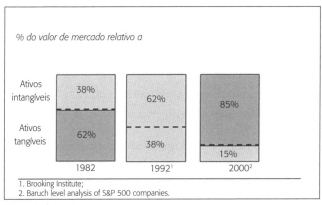

Fonte: Kaplan e Norton (1997).

Constata-se, frequentemente, na gestão de empresas, que as informações estão desorganizadas, pouco integradas e com acesso dificultado. A aparente sensação de caos é consequência das mudanças bruscas e aceleradas para as entregas. Com essa aceleração e pela necessidade constante de inovação, novos produtos são criados em poucos meses, tendo como consequência conceitos e tecnologias antigos, que ficam obsoletos em curto prazo. A necessidade de informações oportunas e personalizadas colabora muito para o processo de tomada de decisão num ambiente altamente competitivo, globalizado e com características de mudanças constantes. Nesse cenário, as situações abaixo observadas são frequentes nas organizações:

- ❑ dificuldade de acesso organizado às informações das empresas;
- ❑ dificuldade de relacionar as informações com aqueles que contribuíram para a sua geração, dificultando relacionar o conhecimento explícito disponível com o tácito encontrado nas pessoas;
- ❑ dificuldades de identificar as informações que sejam realmente relevantes para o processo decisório da empresa.

Essas dificuldades encontradas podem ser tratadas mais rapidamente tendo a empresa uma gestão de base de conhecimento para que surjam respostas ao desafio de obter os resultados que atendam aos seus objetivos com rapidez, dentro de custos previamente estabelecidos e conforme as exigências de qualidade. Não é uma tarefa simples disseminar essa cultura nas empresas. Para tanto, as questões a seguir precisam ser respondidas:

- ❑ De que forma a base de conhecimento realmente possibilita agilizar o processo de tomada de decisão?
- ❑ Quais ações uma empresa deve executar para desenvolver uma base de conhecimento?

Atualmente, a informação é o principal patrimônio de uma empresa ou organização, e é utilizada no processo de tomada de decisões importantes e estratégicas, principalmente no que concerne a projetos. Portanto, a informação deve ser tratada como fator primordial com relação à competitividade no mercado. A integração de bases de dados é um problema complexo quando se visualizam várias fontes de informação distribuídas na empresa em um mesmo ambiente ou em ambientes distintos internos ou externos.

Permitir informações expressivas e adaptáveis, que possibilitem manutenção rápida, com custos adequados e que possam ser compreendidas por qualquer profissional, sem que as regras de negócios estejam somente na mente de alguns envolvidos nos projetos, torna-se crucial para a competitividade da empresa.

O conceito de gestão do conhecimento surge com a finalidade de organizar a integração das informações, permitindo que todos os dados para a gestão possam estar disponíveis em uma única base para consulta e auxílio à tomada de decisão.

É fundamental entendermos que as organizações são resultado de um conjunto de competências que, aliadas e trabalhando em conjunto, promoverão os resultados almejados. Podemos dividir essas competências em institucionais e individuais. As institucionais, relacionadas à própria empresa, dizem respeito aos processos, técnicas, fluxos organizacionais, produtos e serviços. As individuais, relacionadas aos funcionários, significam o saber agir ao mobilizar, integrar, transferir conhecimentos, recursos e habilidades que adicionem valor econômico à organização e valor social ao indivíduo. Para ser um gestor do conhecimento, não basta apenas ir para a melhor universidade ou tirar as melhores notas, trabalhar na melhor ou maior empresa ou mesmo ter os melhores cargos. Atualmente, o mercado demanda indivíduos que tenham postura direcionada para a criatividade, capacidade de oferecer novas soluções para novos problemas, vontade de aprender utilizando amplos e diversos canais alternativos e uma maneira inovadora de raciocinar, agir e solucionar problemas. Para Garvin (1993), uma organização baseada no conhecimento é uma organização de aprendizagem que considera esse ativo um recurso estratégico e, por isso, o cria para ser processado internamente e utilizado externamente, aproveitando o potencial de seu capital intelectual.

A aquisição de conhecimentos é fundamental para o desenvolvimento de ambas as competências. Empresas e indivíduos podem adquirir conhecimento de diversas formas: treinamentos específicos; participação em congressos, encontros e associações; aprendizado com o ambiente externo ou, ainda, por meio da contratação de talentos. Nunca é demais lembrar que proporcionar ambientes favoráveis à criatividade e à inovação são formas eficientes de estímulo ao desenvolvimento do conhecimento.

Vale observar que competências e conhecimentos sozinhos e isolados não são capazes de sustentar empresas de sucesso diante do mercado mutável e competitivo. Torna-se vital o compartilhamento desse importante ativo da empresa, de forma que ele se torne efetivamente um patrimônio intelectual e, principalmente, um fomentador de projetos e de estratégias de ação. Nesse contexto, segundo Darroch e McNaughton (2002), a gestão do conhecimento permite criar, localizar e gerenciar o fluxo de conhecimento dentro de uma organização, com vistas a garantir que o uso eficaz e eficiente do conhecimento beneficie a organização no longo prazo. Adicionalmente, conforme Jennex e Olfman, (2006), a gestão do conhecimento também pode ser associada à administração de ferramentas e abordagens que permitam localizar, refinar, transferir e aplicar o conhecimento e a experiência que esteja à disposição da organização. De acordo com Du Plessis (2007), a gestão do conhecimento deve melhorar a capacidade, o tempo e a eficácia das empresas em entregar produtos ou serviços, transformando o conhecimento em um ativo organizacional. A ideia principal é criar e compartilhar novos conhecimentos, bem como garantir que as pessoas certas obtenham o conhecimento certo no lugar certo e no tempo certo.

Conforme Kongpichayanond (2009:375), devemos entender que a gestão do conhecimento se consolida em três etapas:

- *primeira* – aquisição e criação de conhecimento definidos como a melhor utilização dos conhecimentos existentes e a produção efetiva de novos conhecimentos por meio da ativa conversação, exteriorização e distribuição de um novo conhecimento;
- *segunda* – captura e armazenamento de conhecimento, enquanto processos de identificação de novos conhecimentos relevantes para o uso atual e futuro da empresa e armazenamento desses conhecimentos de forma que se mantenha acessível a todos da organização; e,
- *terceira* – aplicação do conhecimento por meio de processos de utilização em situações nas quais os usuários possam aprender e gerar novos conhecimentos.

Destacamos, na segunda etapa, que os conhecimentos armazenados somente se tornam acessíveis a todos da organização se houver a interligação entre os principais sistemas de gestão e os subsistemas, incluindo o de pessoas.

A consolidação composta pelas três etapas colabora com a estratégia empresarial na definição dos planos de ação e execução, em situações nas quais os usuários possam aprender e gerar novos conhecimentos.

Conhecimento explícito e conhecimento tácito

Conforme Lemos e Joia (2012), o conhecimento também pode ser dividido em dois tipos, de acordo com sua estrutura:

explícito e tácito. O conhecimento explícito é articulado – na linguagem formal – em palavras, símbolos e números, e pode ser armazenado de modo a permitir que seja transmitido, formal e facilmente, dentro da organização. O conhecimento tácito se origina de experiências, percepções e valores individuais, sendo dependente do contexto e, portanto, difícil de ser articulado na linguagem formal. Algumas características de ambos estão relacionadas a seguir:

a) *conhecimento explícito*:
   - ❑ pode ser armazenado, distribuído e acessado com facilidade;
   - ❑ é transferível a outros por meio da gestão do conhecimento;
   - ❑ é expresso por meio da linguagem;
   - ❑ é encontrado em livros, documentos, artigos, manuais, base de dados etc.;

b) *conhecimento tácito*:
   - ❑ é personalizado, específico ao contexto, ligado ao indivíduo por meio de ações, experiência, ideais e valores;
   - ❑ é difícil de ser transferido e capturado;
   - ❑ é menos conhecido, mas mais valioso;
   - ❑ forma incomum e inconsciente de conhecimento;
   - ❑ adquirido pela partilha de experiências e observações.

É fundamental entender que o conhecimento tácito se consolida para que possa crescer em qualidade e quantidade durante o processo de conversão do conhecimento. O racional dessa conversão é fazer com que o conhecimento que está nas pessoas passe a ser um patrimônio da organização. É possível converter o conhecimento por meio de quatro modos, segundo Nonaka (1994):

a) *socialização* – como o conhecimento tácito é difícil de formalizar e muitas vezes é específico no tempo e espaço, só se pode adquiri-lo e convertê-lo por meio da experiência compartilhada. Assim, deve-se estimular o compartilhamento de experiências entre as pessoas, o convívio no mesmo ambiente, reuniões sociais informais dentro e fora do local de trabalho;

b) *externalização* – é a transferência do conhecimento da condição tácita para a explícita. Permite que outras pessoas troquem informações sobre experiências para formar a base de novos conhecimentos, por meio de metáforas, analogias, conceitos, hipóteses ou modelos. Uma iniciativa que pode exemplificar a externalização é o controle de qualidade de um determinado processo operacional, o qual permite que os funcionários façam melhorias contínuas, usando o conhecimento tácito (suas próprias experiências), acumuladas ao longo dos anos. A transferência dessas experiências para um processo definido, documentado e passível de execução por outras pessoas faz com que o conhecimento se perpetue na empresa;

c) *combinação* – é a transformação do conhecimento explícito em conjuntos complexos e sistemáticos de conhecimento explícito. É o acúmulo de conhecimento interno e externo das empresas que são combinados, editados ou processados para formar novos conhecimentos. O uso criativo da comunicação informatizada em redes e bases de dados em grande escala pode apoiar esse processo;

d) *internalização* – é a transferência de conhecimento explícito para o tácito, algo como o "aprender fazendo". É um caminho inverso, no qual as empresas compartilham o conhecimento explícito criado e os funcionários convertem esse conhecimento em tácito – experiências que passam a ser incorporadas à empresa. Isso acontece quando funcionários leem documentos ou manuais sobre seu trabalho e reagem ou criticam as informações.

Motivação para a gestão do conhecimento

O investimento das organizações na gestão do conhecimento passou por um grande desafio formado pela luta diária entre o curto e o longo prazos. A opção pelo curto prazo força as organizações a postergarem o investimento em educação e deixarem para um segundo momento questões que somente virão à tona como um problema depois de dois, três ou mais anos.

Dessa forma, vale destacar, leitor, que os motivadores do investimento em gestão do conhecimento nas organizações podem ser classificados pela sua relação com pessoas, organizações, clientes e mercados, e com a sociedade em geral.

Para as pessoas, podem ser considerados os seguintes motivadores:

❏ as pessoas poderão ser recompensadas de forma diferenciada se estiverem mais preparadas para novos desafios. Pessoas melhor capacitadas identificam mais e melhores oportunidades para elas e para as empresas;

❏ o conhecimento é perecível e, a partir do acesso à internet e da alta velocidade de comunicação entre as pessoas, o longe ficou perto, mesmo que, por vezes, o perto esteja bem longe. Isso significa que guardar um conhecimento pode não ser significativo em valor, já que em futuro próximo tudo pode mudar muito rapidamente;

❏ é melhor ser um gerador de conhecimento do que um "copista", ou seja, geradores de conhecimento ou corretores de informação com agregação de valor fazem toda a diferença para uma organização e para as pessoas que se propõem a esse papel. A partir do momento em que assim trabalhem, passam a ser uma referência e, por consequência, serão sempre buscados quando um novo conhecimento ou problema surgir para ser resolvido, aprendendo de forma sempre renovada;

- só saber não basta; tem de provar que sabe. Esse ponto é bastante relevante e, por vezes, somente ter um ótimo currículo não significa que de fato a atitude da pessoa seja compatível com o que está registrado;
- melhores posições no mercado significam um conhecimento diferenciado. Conhecimentos considerados críticos por algumas empresas são aqueles que representam a junção de áreas em que poucos podem se desenvolver. Exemplo: um conhecimento em tecnologia de informação em medicina pode ser considerado crítico na medida em que poucos são os profissionais com esta formação;
- mais conhecimento significa também maior empregabilidade. As organizações que mais investem em seus profissionais são normalmente aquelas que possuem uma taxa menor de rotatividade. Isso significa dizer que se a organização investe no desenvolvimento das pessoas, elas preferem permanecer no emprego a sair para procurar um novo;
- mais conhecimento representa maior valor agregado para empresa e isso é bom para todos os interessados (*stakeholders*).

Para a organização como um todo, os motivadores são os seguintes:

- redução do retrabalho por meio de práticas de gestão do conhecimento, ou seja, para a organização é muito bom, e para as pessoas também, pois com menos retrabalho haverá menor custo da gestão e mais tempo para as pessoas desenvolverem outros projetos;
- diferenciação frente ao mercado, considerando que o conhecimento gera e direciona oportunidades do mercado, propiciando a construção de valores únicos e difíceis de ser copiados pelos concorrentes;

- agregação de valor para o cliente com menores custos, observando a estratégia de construção de valores baseada na percepção de valor dos clientes, conforme assinalam Kim e Mauborgne (2005) ao desenvolver a "estratégia do oceano azul";
- ampliação dos negócios na escala global de forma sustentável – o conhecimento possibilita a geração de valor e sua entrega em qualquer lugar dentro de um ambiente global sustentável;
- longevidade para a empresa, significando melhores condições para os funcionários, mesmo quando aposentados. Isso indica que continuará a produzir valor para a sociedade;
- legado para as próximas gerações, dado que a gestão do conhecimento promove a estruturação do conhecimento, sua retenção e disseminação na empresa, fornecendo um legado para as próximas gerações de profissionais e para a sociedade em geral, que se beneficiará desses resultados.

Para os clientes, mercados e sociedade em geral, os motivadores construídos a partir dos clientes e da sociedade em geral são relacionados a seguir:

- maior valor agregado para os clientes e para a sociedade em geral;
- diferenciação pelo serviço, que pode ser obtida a partir da cogeração do conhecimento, como pode ser observado a partir de diversos exemplos, como o da Dell Computadores, que lançou em 2009 um programa de premiação para as melhores ideias enviadas pela sociedade, ou o caso da Fiat, que construiu e lançou, no salão do automóvel em 2009, o primeiro carro conceito construído a partir de 11 mil ideias enviadas por mais de 17 mil pessoas de 160 países;
- personalização em massa de seus clientes e da sociedade em geral, com o uso intensivo de tecnologia e construção do conhecimento a partir de regras baseadas nos padrões de comportamento desses atores;

❏ predição a partir da pós-entrega, com a identificação de pontos de melhores e novas oportunidades alavancadas por pessoas, além dos profissionais da própria organização.

A gestão do conhecimento pode, assim, estar voltada ou ser motivada pelas pessoas, pela organização e também pelos clientes e sociedade em geral.

Etapas para a construção do conhecimento

A gestão do conhecimento abrange diversas etapas, ilustradas na figura 4, que representa, de forma esquemática, os diferentes aspectos do conhecimento organizacional.

Figura 4
COMPOSIÇÃO DO CONHECIMENTO ORGANIZACIONAL

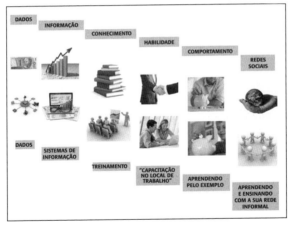

Fonte: Rodriguez (2010).

A compreensão da figura 4 melhora quando se interpreta, isoladamente, cada aspecto ilustrado, como a seguir:

❏ dados representam a forma mais simples ou atomizada do conhecimento explícito. O dado ou registro representa a célula básica que irá formar ou fazer parte do conteúdo de um conhecimento explicito ou informação. Exemplos: 10, aluno, nota;

❑ informação representa um ou mais dados ou registros contextualizados. Exemplo: o aluno tirou nota 10. Nesse caso, a informação contextualiza os dados de forma que a pessoa possua um entendimento do que está sendo proposto e possa transferir em termos de conhecimento explícito;

❑ conhecimento representa o tácito ou o conjunto de informações internalizadas pela pessoa. É normalmente representado no formato de regras. Exemplo: se o aluno tirou nota 10, então ele foi aprovado. Nesse caso, se a regra faz todo o sentido para quem a recebeu, a mesma virá a ser internalizada pela pessoa e poderá ser utilizada em outros momentos de sua vida. O conhecimento, normalmente, é construído nas empresas a partir de treinamento ou observação;

❑ habilidade significa a capacidade de fazer. É normalmente representada pela ação que as pessoas executam no seu dia a dia. Exemplo: quando você está dirigindo seu automóvel, está exercendo uma habilidade de direção. No entanto, quando está explicando a alguém como se dirige um automóvel, exerce a transferência de um conhecimento que você possui. Isso significa dizer que você pode transferir um conjunto de informações sobre como dirigir um automóvel (conhecimento) sem nunca ter dirigido um (habilidade);

❑ comportamento representa a capacidade ou interesse em fazer ou não fazer algo. Está diretamente relacionado à atitude das pessoas que, por sua vez, está interligada com a cultura ou valores que ela possui. Exemplo: João conhece como dirigir um automóvel, pois ele já leu e fez exames teóricos de direção. João também sabe como dirigir um automóvel, pois fez exames práticos demonstrando sua habilidade. No entanto,

João não quer (atitude) dirigir um automóvel nos finais de semana. Mas a empresa em que João trabalha precisa e determina que nos finais de semana ele dirija um automóvel somente aos sábados para levar o CEO Carlos até a empresa (comportamento);

❏ redes sociais representam a capacidade de conexão entre as pessoas e como ou qual tipo de fluxo se estabelece entre elas. A rede social influencia diretamente na competência (conhecimento, habilidade e comportamento) das pessoas. Isso significa dizer que, para um determinado grupo, João pode ser percebido como tendo grandes habilidades na direção de automóveis. No entanto, o mesmo João pode ser percebido como não tendo habilidades na direção de automóveis.

As definições aqui apresentadas, leitor, ajudam a explicar um pouco mais como a gestão do conhecimento pode ser tratada a partir de cada um dos elementos que a compõem.

Desafios à implantação da gestão do conhecimento

Os desafios relativos à implantação da gestão do conhecimento nas organizações estão representados na figura 5. Como você pode observar, leitor, ambos estão diferenciados entre aqueles relacionados às pessoas, à gestão e à tecnologia.

Os desafios relacionados às pessoas são:

❏ *visão de longo prazo* – o exercício da visão de longo prazo traz como retorno o investimento em projetos de gestão do conhecimento. Portanto, como muitas organizações se encontram mergulhadas no dia a dia e, como se diz, "correndo atrás do tempo perdido", trabalhar com base em uma visão de longo prazo é um dos principais desafios;

Figura 5
DESAFIOS PARA A IMPLANTAÇÃO DA GESTÃO DO CONHECIMENTO

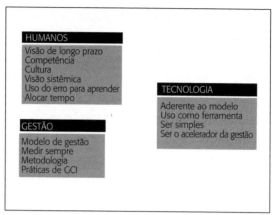

Fonte: Rodriguez (2010).

- *competência* – significa a identificação e o desenvolvimento de competências relacionadas à gestão do conhecimento, haja vista que características específicas, em especial aquelas relacionadas à atitude das pessoas, são requeridas;
- *cultura* – entendida como o desenvolvimento de uma cultura de compartilhamento das informações e conhecimentos que adicione valor à organização e às pessoas, em consonância com as regras de segurança e controle das informações;
- *visão sistêmica* – identificada como o desenvolvimento de projetos a partir de uma análise sistêmica, garantindo que os melhores sejam realmente os escolhidos, executados e avaliados ao final;
- *aprender com os erros* – a cultura de aprender com os erros é de grande valia pois é difícil, senão impossível, acertar 100%. Diante disso, o registro do que deu certo, e também do que não deu, para poder ser permanentemente melhorado é um grande desafio. Em muitos casos, procura-se identificar,

principalmente, o indivíduo que errou e, não propriamente a causa do erro no processo, o que gera um ambiente de desconfiança e pouco adequado ao aprendizado;

❑ *alocar tempo para a gestão do conhecimento* – o dia a dia dos profissionais e executivos é curto quando são observadas as questões urgentes a serem resolvidas para atender ao curto prazo. Portanto, nessa linha de pensamento, a gestão do conhecimento sempre ficará para um segundo momento se não foi devidamente priorizada.

Já os desafios relacionados à gestão são:

❑ *modelo de gestão* – é necessário definir um modelo para a gestão do conhecimento. Este modelo permitirá a identificação e organização dos elementos a serem utilizados e medidos, por exemplo, a arquitetura tecnológica, os indicadores etc.;

❑ *metodologias e práticas de gestão do conhecimento e inovação* – esses elementos compõem o universo de ferramentas a serem utilizadas na gestão do conhecimento. Cada metodologia e prática representa um conjunto de ações replicáveis dentro da organização, o que acelera o processo de criação, retenção, disseminação e aplicação do conhecimento;

❑ *medir sempre* – cada ação implementada com foco na gestão do conhecimento deve ser avaliada e medida, na medida em que somente o que se mede pode ser gerenciado.

Finalmente, os desafios relacionados à tecnologia são os seguintes:

❑ *deve ser aderente ao modelo* – a tecnologia deve ser utilizada como ferramenta para aceleração do processo e, portanto, deve ser sua facilitadora, garantindo ao mesmo a agilidade necessária e a capacidade de organizar, armazenar e tratar os dados gerados a partir de qualquer prática de gestão do conhecimento;

- *tem caráter ferramental* – a tecnologia é estratégica por gerar um diferencial, mas será, na maioria das situações, uma ferramenta que agiliza todo o processo;
- *deve ser simples* – soluções complexas nem sempre são as melhores alternativas, pois terminam por ser pouco ou muito pouco utilizadas, e os recursos que a mesma disponibiliza ficam ocultos por falta de conhecimento e tempo para seu uso;
- *deve configurar-se como aceleradora da gestão* – a tecnologia deve funcionar como um acelerador do processo de gestão do conhecimento.

Resumo do capítulo

Neste capítulo, leitor, contextualizamos o conhecimento a partir da evolução das sociedades e identificamos os fatores motivacionais para gestão do conhecimento para as pessoas, para a organização e para os clientes. Na sequência, descreveremos as etapas para a construção do conhecimento e finalizaremos explicitando os principais desafios para a implantação da gestão do conhecimento nas empresas, destacando os aspectos relacionados às pessoas, à gestão e à tecnologia.

5

Modelos e estratégias de conhecimento

Neste capítulo apresentamos ao leitor os modelos, os processos e as estratégias de gestão do conhecimento utilizadas nas organizações. Destacamos os principais aspectos relacionados ao controle e manutenção, à importância do gerenciamento de documentos e à segurança da informação.

Modelos de gestão de organizações baseadas no conhecimento

A sociedade da informação, iniciada com a revolução da tecnologia de informação, abriu espaço para a sociedade do conhecimento que, com o processo de automação das rotinas físicas e intelectuais, levou o homem a gastar a maior parte de seu tempo em atividades mais nobres, como criar, analisar e inovar. Segundo Drucker (1995), a sociedade do conhecimento iniciou-se ao final da II Guerra Mundial, quando foram concedidas aos ex-soldados americanos bolsas de estudos para seguir cursos universitários. Aliados a esta ação, os mesmos cérebros que construíram as máquinas de guerra foram, então, orientados para a construção de novas tecnologias voltadas para a reconstrução das cidades. Segundo o autor, essa sociedade ainda está em construção.

De modo amplo, a sociedade do conhecimento encontrou um campo fértil para florescer e dar espaço à diferenciação a partir dos valores intangíveis, com base em três componentes principais, conforme assinalam Davenport (1990), Myers (1996) e Edvinson e Malone (1998). Tais componentes são:

❏ *competência pessoal* – relacionada à capacidade de pensar e agir das pessoas em diversas situações, para a criação de ativos tanto tangíveis quanto intangíveis. Está relacionada a competências pessoais, educação, personalidade, inteligência e grau de sinergia entre as pessoas;

❏ *estrutura interna* – inclui patentes, conceitos, modelos e sistemas administrativos e de computadores, além da cultura e do "espírito" organizacional. O conceito de organização está relacionado à sua criação por meio da interação das pessoas com o desenvolvimento do ambiente organizacional e aos seus processos internos, conceitos, modelos, investimento em pesquisa e desenvolvimento, cultura e ambiente organizacional;

❏ *estrutura externa* – inclui relações com clientes e fornecedores, redes de relacionamento externo mantidas pelas pessoas ou de forma institucional, bem como marcas registradas e o valor da marca da empresa e sua reputação ou imagem junto à comunidade de clientes e empresas.

Com base nesses componentes, Sveiby (1998) desenvolveu uma estrutura organizacional baseada no conhecimento. Nela, o autor estabelece os aspectos relativos a cada estrutura, na tentativa de representar a organização como um espaço interativo e complementar. A figura 6 ilustra a organização e a interação entre essas componentes, baseadas no conhecimento.

Figura 6
ESTRUTURA ORGANIZACIONAL BASEADA NO CONHECIMENTO

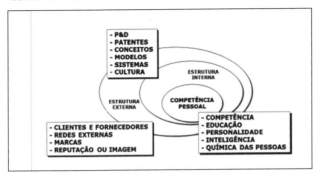

Fonte: Sveiby (1998).

Já algumas empresas, como a Skandia, utilizam uma variação do modelo de Sveiby (1998), incluindo no centro do mesmo a dimensão pessoas, conforme ilustrado na figura 7.

Figura 7
SISTEMA BALANCEADO DE MÉTRICAS DA SKANDIA

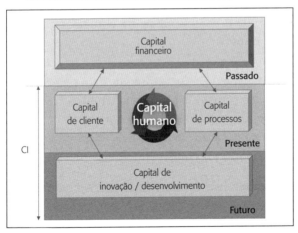

Fonte: Sveiby (1998).

Como se pode observar, a figura 7 utiliza os seguintes indicadores por dimensão:

a) *dimensão financeira*:
- ❑ receita oriunda de novos negócios;
- ❑ total de ativos;
- ❑ receita por empregado;
- ❑ total de ativos por empregado;

b) *dimensão cliente*:
- ❑ participação no mercado (*market share*);
- ❑ vendas anuais por empregado;
- ❑ duração média do relacionamento com o cliente;
- ❑ índice de satisfação dos clientes;

c) *dimensão processo*:
- ❑ custo administrativo por receita;
- ❑ custo administrativo por empregado;
- ❑ contatos realizados sem erros;
- ❑ meta de qualidade corporativa;

d) *dimensão renovação e crescimento*:
- ❑ investimento em treinamento por empregado;
- ❑ investimento educacional nos clientes;
- ❑ índice de satisfação dos empregados;
- ❑ investimento em treinamento em relação aos custos administrativos;

e) *dimensão humana*:
- ❑ rotatividade de empregados (*turn over*);
- ❑ média de tempo de serviço na empresa;
- ❑ tempo em treinamento (dias por ano);
- ❑ grau de instrução em tecnologia de informação do quadro de funcionários (*staff*).

Já o modelo Edvinson-Malone, apresentado pelos autores (1998), é estruturado a partir do desdobramento do capital intelectual como segue:

- ❑ *capital intelectual* é o resultado final contabilizado na organização, baseado no conhecimento, representado pelos capitais humano e estrutural;

- *capital humano* representa quanto o valor das pessoas significa no valor da empresa;
- *capital estrutural*: é representado pelo capital dos clientes e pelo capital organizacional da empresa;
- *capital dos clientes* dimensiona o valor da carteira de clientes da empresa;
- *capital organizacional* é representado pelo valor do capital de inovação e do capital de processos que a empresa possui;
- *capital de inovação* relaciona-se à capacidade de geração de valor por meio da imagem da empresa no mercado;
- *capital de processos* é representado pelo valor do conhecimento retido na organização e sistematizado em seus processos de negócio, a partir das melhores práticas que utiliza, da infraestrutura que possui, dos modelos de organização e gestão da empresa e da cultura nela implantada.

A figura 8 ilustra o modelo organizacional proposto por Edvinson e Malone (1998) com base nos capitais de uma empresa e no conhecimento.

Figura 8
MODELO ORGANIZACIONAL BASEADO NO CONHECIMENTO

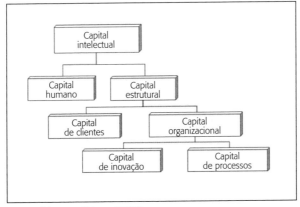

Fonte: Edvinson e Malone (1998).

Nesse modelo há um conjunto de macroelementos básicos que, na realidade, podem ser utilizados em qualquer modelo. Tais macroelementos são identificados como:

❏ *direcionadores* – estão relacionados às estratégias de gestão do conhecimento e inovação, ou seja, como serão alcançados os objetivos da organização;

❏ *executores* – relacionados a todos os processos que promovem a gestão do conhecimento e inovação na organização, objetivados em projetos e processos a serem implementados. Dependem de variáveis relacionadas à área da organização analisada, por exemplo, recursos disponíveis, usuários, decisores, especialistas, métodos ou padrões com que os projetos ou processos são executados e competências individuais;

❏ *fundamentadores* – elementos fundamentais para que tudo ocorra de forma estruturada e objetiva. Entre eles estão a tecnologia, a liderança, a cultura e os indicadores que identificam o quanto a organização está caminhando para seus objetivos finais;

❏ *avaliadores* – elementos que permitem a avaliação final e a comparação entre os resultados finais obtidos e os planejados no início do período estabelecido. Por meio deles, pode-se verificar se a organização alcançou os resultados planejados.

A figura 9 ilustra um modelo genérico de gestão do conhecimento e de inovação (GCI) baseado na distribuição dos capitais da empresa. Observa-se que o objetivo final – a gestão do conhecimento organizacional – depende de elementos da própria organização, tais como: recursos materiais e tecnológicos, competências dos processos e das pessoas. Além disso, assinala processos de GCI que permitam criar, aplicar, disseminar, proteger e reter o conhecimento. Também identifica os atores do modelo, diferenciados entre usuários dos sistemas e informações disponibilizados, especialistas, que além de deterem um conhecimento específico são os guardiões e multiplicadores do conhecimento, e os tomadores de decisão, que fazem uso rotineiro das informações e do conhecimento organizacional.

Figura 9
MODELO DE GESTÃO DO CONHECIMENTO GENÉRICO

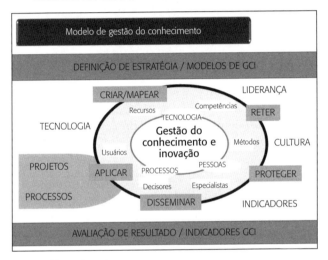

Fonte: Rodriguez (2010).

Processos de gestão do conhecimento

Como visto, a construção do conhecimento organizacional depende da estruturação de processos que contribuam para a transferência dos conhecimentos individual e tácito e para o conhecimento explícito acessível a todos, para adicionar valor ao negócio da empresa. Esses processos GCI estão ilustrados na figura 10.

Figura 10
PRINCIPAIS PROCESSOS DE GESTÃO DO CONHECIMENTO E INOVAÇÃO

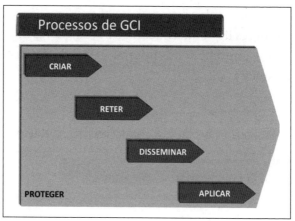

Fonte: Rodriguez (2010).

Para melhor compreensão dos processos de GCI assinalados na figura 10, apresentamos a seguir uma breve explicação sobre cada um deles:

❑ *criar* – conjunto de atividades que visam à identificação e ao desenvolvimento dos conhecimentos necessários para realizar os objetivos do negócio, assegurando seu acesso e aplicação. Nessa etapa, ocorre a busca pelo conhecimento a partir dos processos de negócio da organização e pelas práticas que visam à inovação incremental ou disruptiva, ou seja, aquela inovação que traz um reposicionamento da empresa frente ao mercado em que atua. Vale relembrar que a inovação incremental está relacionada à melhoria contínua dos processos de negócio ou dos produtos ou serviços comercializados pela organização; já a inovação disruptiva está relacionada a algo totalmente novo a ser oferecido aos clientes internos ou externos da empresa;

❏ *reter* – trata-se do conjunto de atividades que visam explicitar, sistematizar e reter os conhecimentos dos processos e projetos, em especial aqueles considerados críticos para o sucesso da organização;

❏ *disseminar* – representa o conjunto de atividades que visam promover um ambiente propício para o compartilhamento, a colaboração e a aprendizagem organizacional. Como exemplo, citamos os fóruns de debate, os *workshops* e os seminários de transferência de conhecimento pertinentes e interessantes aos negócios da organização;

❏ *aplicar* – representa o conjunto de atividades que utilizam práticas de gestão do conhecimento e inovação voltadas para o aperfeiçoamento dos processos e fortalecimento das competências da organização, objetivando criar e sustentar vantagens competitivas;

❏ *proteger* – representa o conjunto de atividades que procuram garantir o acesso seguro e controlado ao conhecimento e às inovações que possam gerar a diferenciação e, no final, a informação. Este processo faz parte de todos os demais de GCI que têm por objetivo garantir o controle sobre o acesso e oferecer proteção contra cópia ou reprodução não autorizada das informações críticas e essenciais da organização, de forma a proteger seu negócio.

Estratégias de implantação da gestão do conhecimento

Uma organização moderna e bem-sucedida irá obter as maiores fatias de receita por meio da venda de parcelas cada vez maiores de valores intangíveis. De fato, algumas recentes e bem conhecidas histórias de sucesso nos negócios são construídas baseadas na comercialização de valores intangíveis. Alguns dos valores intangíveis mais relevantes são os relacionados a seguir:

❏ *tempo de entrada no mercado* – tempo necessário entre a concepção inicial de um produto ou serviço até sua efetiva liberação para os clientes. Relacionado à oferta eficiente de produtos e serviços no mercado, é uma importante variável nos negócios conduzidos pelas empresas e está ligado à estrutura externa, discutida anteriormente. Como exemplo, lembramos o caso da Honda que, competindo com outros fabricantes de motocicletas, passou a introduzir um novo produto no mercado a cada três meses, ao invés de a cada 12 meses. Isso fez com que seus competidores não suportassem a concorrência e deu à Honda a liderança do mercado;

❏ *tempo de acesso à informação* – tempo real de recuperação da informação armazenada, geralmente em base eletrônica. Isso é ilustrado, por exemplo, pela operação de um banco 24 horas, bancos de dados comerciais e técnicos, sistemas de televisão, sistemas de reserva de passagens aéreas etc.;

❏ *visão estratégica* – habilidade de perceber o melhor negócio em termos estratégicos para a sobrevivência e avanço da organização. Bill Gates, por exemplo, demonstrou ter uma extraordinária visão estratégica ao criar uma pequena companhia de software, chamada Microsoft, transformando-a em um gigante da indústria de tecnologia da informação. Esse valor está relacionado às competências pessoais;

❏ *conhecimento* – na realidade, entendido como a comercialização do conhecimento. Isso pode ser ilustrado no caso do McDonald's, comercializando o conhecimento (*know-how*) de como vender lanches rápidos por meio da técnica de *franchising*, utilizada, no momento, por diversas outras empresas. O poder hoje está com quem consegue disseminar e aplicar adequadamente o conhecimento e não com quem possui ou retém a informação. Caso contrário, as bibliotecas teriam enorme poder. Esse valor está relacionado à competência do empregado;

❏ *inovação* – introdução de novas ideias na tentativa de melhorar permanentemente os produtos e serviços da empresa. Esse é um valor crescente nas organizações produtivas, principalmente devido à automação dos processos, e está relacionado às competências pessoais;

- *imagem* – valor intangível apreciado pelos clientes, principalmente na comercialização de produtos baseados na imagem comercial do mesmo. É típico do mercado de cigarros, de refrigerantes e da moda. Esse valor está relacionado à estrutura externa.

As organizações aprendizes trouxeram o conceito do auto--aprendizado, no qual os empregados, organizados em equipes de trabalho, desenvolvem teorias e sua imediata aplicação com o uso das mais diversas formas de aprendizado, como o treinamento durante o trabalho (*on the job*), além das demais formas de capacitação.

Outra característica da organização aprendiz, segundo Senge (1995), é a de que o treinamento está diretamente ligado às necessidades apontadas pela estratégia e desafios lançados à organização, além da liberdade de inovação e criação por parte de seus empregados.

A organização aprendiz é, ainda, considerada uma organização ideal que, na prática, não existe; o que existe são iniciativas em diversas organizações no sentido de torná-las aprendizes com alto grau de inovação em seus produtos e na cultura de seus empregados.

Uma empresa considerada com alto grau de criatividade e inovação, leitor, é a 3M, que incentiva seus empregados a serem os condutores de suas novas ideias. Isso torna cada empregado da empresa um elemento capaz de sonhar, planejar e criar uma realidade a partir de uma nova ideia que, mais à frente, poderá gerar um novo produto. Para que isso ocorra, o modelo de gestão da 3M, a cultura e os valores da empresa enfatizam o processo de inovação e o aprendizado a partir dos erros. Assim, reuniões para discutir os erros e a melhoria com base na experiência passada é uma prática corriqueira e adequada. A possibilidade de cada empregado ser líder de um projeto motiva e desafia as pessoas a buscarem novas soluções. Se um empregado tiver uma ideia e conseguir convencer seu gerente de que se trata de uma boa oportunidade, poderá submetê-la a um comitê central. Se a ideia for aprovada, ele poderá se tornar o líder do projeto dentro da empresa. Esse processo possibilita o desenvolvimento de uma cultura de valorização dos desafios e da inovação na empresa.

Para a construção de organizações aprendizes é importante identificar onde a gestão do conhecimento mais contribui ou quais itens de conhecimento são mais complexos para serem transferidos. A figura 11 apresenta os tipos de conhecimentos a serem transferidos quando são comparados dois típicos profissionais: um em início de carreira, tendo concluído recentemente sua formação técnica ou administrativa, e o outro, graduado há muito tempo e com bastante experiência (habilidade) desenvolvida para uma determinada empresa. Os elementos principais a serem transferidos pela gestão estão assinalados na figura 11.

Figura 11
ESPAÇOS DE ATUAÇÃO DA GESTÃO DO CONHECIMENTO

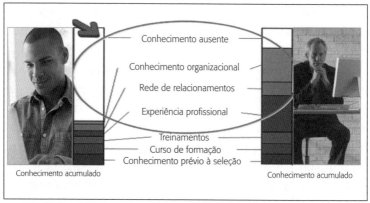

Fonte: Rodriguez (2010).

Conforme se pode observar na figura 11, os principais elementos a serem transferidos são:

- *experiência profissional* – o profissional que possui mais tempo de empresa e mercado provavelmente já participou de diversos projetos e acumulou uma grande experiência no "saber fazer", diferentemente do profissional que ingressou há pouco tempo no mercado e que possui ainda pouca experiência na execução de projetos;
- *rede de relacionamentos* – o profissional mais "maduro" possui certamente uma complexa rede de relacionamentos e conhece muitas pessoas do segmento, em especial da empresa em que trabalha, e utiliza isso nos diversos projetos com os quais se envolve. O jovem profissional, que ingressou há pouco no mercado, ainda não possui rede de relacionamentos, mas tem como vantagem a possibilidade de construí-las;
- *conhecimento organizacional* – o profissional mais "maduro" possui conhecimento da cultura, dos processos e da operação da organização, sabendo como navegar na burocracia da empresa. O jovem, que ingressou há pouco tempo na empresa, desconhece essa burocracia e aprenderá com cada projeto. Também nesse caso, o jovem, apesar de desconhecer a organização, poderá ousar e descobrir novos caminhos que já tenham sido descartados pelo profissional mais "maduro";
- *conhecimento ausente* – esta porção de conhecimento é aquela necessária para que o profissional possa desenvolver plenamente suas atividades. Pode ser identificada a partir da comparação do conhecimento necessário para a realização das atividades identificadas em um processo com o conhecimento, percebido como existente, do profissional. Na prática, faz-se com a avaliação de competências, quando é identificado o hiato ou *gap* entre as competências necessárias para o exercício da função pelo profissional e a competência

que ele possui e é percebida pelos seus pares, colaboradores, clientes, seu gestor e por ele mesmo.

De modo geral, ambos os profissionais têm contribuição relevante para entregar à empresa e transferir entre si, consolidando um portfólio interessante de conhecimentos e estratégias.

Aspectos estratégicos para a gestão do conhecimento

Nesta seção, caro leitor, apresentamos os principais aspectos estratégicos relacionados à gestão do conhecimento nas organizações.

Segundo Guimarães, Lamas e Boscolo (2007), existem diversas práticas e ferramentas para o controle e manutenção de dados. A seguir, citamos os processos mais comumente utilizados para o gerenciamento da base do conhecimento:

❑ buscar o apoio da diretoria, uma vez que os desafios são muitos e a alta administração precisa estar totalmente envolvida no processo, desde o início;

❑ mapear as habilidades e competências de cada funcionário, identificando as experiências acumuladas, os conhecimentos adquiridos, as lições aprendidas e os anseios profissionais e pessoais. Esee mapa permite identificar as pessoas-chave na empresa, traçar planos para elas e, consequentemente, para os departamentos relacionados;

❑ aumentar a conectividade entre as pessoas, cultivando o relacionamento entre elas, pois empatia leva à confiança que, por sua vez, leva ao compartilhamento natural do conhecimento;

❑ aperfeiçoar o *layout* dos escritórios, organizando uma área de convivência para que as pessoas tenham um local adequado para se encontrar e trocar ideias, uma vez que o ambiente contribui bastante para a efetiva troca de opiniões e de conhecimento;

- oferecer programas de mentores e de incentivo aos especialistas internos e externos, facilitando a troca dos conhecimentos não mensuráveis, bem como o contato entre as pessoas mais novas e menos experientes e os especialistas;
- elaborar politicas de gestão de pessoas para orientar a forma pela qual as contratações são realizadas, os meios para identificar e reter os talentos e os padrões de remuneração e de reconhecimento do trabalho das pessoas;
- incentivar a geração de ideias entre os funcionários, criando uma cultura de inovação e de valorização do compartilhamento das ideias na empresa;
- incentivar a participação ativa dos funcionários em congressos e seminários, melhorando a troca de informação sobre experiências e o aumento do *networking*;
- implementar ferramentas adequadas de TI, por meio do desenvolvimento de portais corporativos, intranet com navegação amigável, ferramentas de busca eficientes, sistemas de integração de informações internas e externas, banco de dados de lições aprendidas e de boas práticas, sistemas de mensagens instantâneas, blogs, ambientes virtuais para fóruns de discussões e universidade corporativa.

Segundo Guimarães, Lamas e Boscolo (2007), existem ferramentas e práticas que se enquadram em mais de uma categoria. Porém, procuramos, aqui, escolher a característica mais influente em cada item citado. A seguir, estão categorizadas as ferramentas mais utilizadas:

- *tecnologia da informação* – nessa categoria estão agrupadas as ferramentas usadas no gerenciamento de informações. Exemplos: banco de dados de lições aprendidas e melhores práticas, ferramentas de busca, portais corporativos, sistema de e-mail e de mensagens instantâneas, páginas amarelas;
- *processos, estrutura e valores* – mostram como a empresa é, ou seja, o que ela valoriza, seu modo de agir interna e exter-

namente, e também como está organizada, desde suas instalações até o organograma. Exemplos: celebrações, cultura de inovação, fomento à prática do diálogo, *layout* voltado ao compartilhamento do conhecimento, mapeamento e automação de processos e estímulo à oferta de sugestões;

❑ *gestão de pessoas* – como a empresa gerencia seu capital humano por meio de políticas de identificação, contratação e retenção de talentos, avaliação e pagamento por competências, mapas de habilidades dos funcionários, planos de sucessão, recompensas e premiações;

❑ *compartilhamento do conhecimento* – essa categoria agrupa práticas que favoreçam ou controlem o fluxo de conhecimento para dentro da empresa e, também, da empresa para outras instituições. Exemplos: comunidades de prática, comunidades virtuais, políticas de publicação e de participação em eventos especializados, programa de especialistas internos e externos, programa de mentores e *coaching*, universidades corporativas e programas de treinamento.

Além das principais ferramentas é preciso destacar, também, a importância de se estabelecerem as relações entre os principais sistemas de gestão e os subsistemas de gestão de pessoas. Nesse contexto, inclui-se a socialização organizacional, cuja proposta é promover o acesso e a divulgação da cultura e da filosofia institucionais aos novos funcionários da empresa.

Outro aspecto significativo para a gestão do conhecimento nas empresas é o tratamento que ela dispensa aos documentos, discutido a seguir.

Gerenciador de documentos

De acordo com o portal Gestão Eletrônica de Documentos (GED), a capacidade de gerenciar documentos é indispensável para a gestão do conhecimento. A agilidade e o aumento do índice de recuperação das informações e a redução da massa documental são alguns benefícios resultantes da implantação de sistemas de controles documentais. Nesse contexto, entendemos que é fundamental buscar e identificar ferramentas de tecnologia da informação que podem ajudar na preservação do conhecimento no mundo empresarial, levando-se em conta a necessidade de obtenção, mapeamento e distribuição desse conhecimento em todos os níveis da empresa.

Uma das ferramentas mais difundidas que realizam a gestão da base de conhecimento, a solução gerenciamento eletrônico de documentos (GED), em alguns casos chamada *enterprise content management* (ECM), é um sistema de maior controle nos processos e se traduz em:

❑ formas alternativas para a indexação de documentos;
❑ respostas com maior velocidade e precisão;
❑ minimização da mão de obra;
❑ qualidade e rapidez na tomada de decisão;
❑ minimização das dificuldades no trabalho em equipe;
❑ diminuição da perda ou falsificação de documentos; e,
❑ redução de custos com o armazenamento documental.

As principais tecnologias relacionadas ao GED, de acordo com o portal são:

>> *Capture* – Acelera processos de negócio através da captação de documentos e formulários, transformando-os em informações recuperáveis, passíveis de serem integradas a todas as aplicações de negócios.

>> *Document Imaging* (DI) – [...] propicia a conversão de documentos do meio físico para o digital. Trata-se da tecnologia mais difundida do GED, muito utilizada para conversão de papel em imagem, através de processo de digitalização com aparelhos scanners.

••>> *Document Management* (DM) – [...] permite gerenciar com mais eficácia a criação, revisão, aprovação e descarte de documentos eletrônicos. Dentre suas principais funcionalidades estão o controle de informações (autoria, revisão, versão, datas etc.), segurança, busca, *check-in / check-out* e o versionamento.

••>> *Workflow*/BPM – Controla e gerencia processos dentro de uma organização, garantindo que as tarefas sejam executadas pelas pessoas corretas no tempo previamente definido. Organiza tarefas, prazos, trâmites, documentos e sincroniza a ação das pessoas.

••>> COLD/ERM – [...] trata páginas de relatórios, incluindo a captura, indexação, armazenamento, gerenciamento e recuperação de dados. Esta tecnologia permite que relatórios sejam armazenados de forma otimizada, em meios de baixo custo, mantendo-se a forma original.

••>> *Forms Processing* – [...] possibilita reconhecer as informações e relacioná-las com campos em bancos de dados, automatizando o processo de digitação. Neste sistema são utilizados o ICR (Intelligent Character Recognition) e OCR (Optical Character Recognition) para o reconhecimento automático de caracteres.

••>> *Records and Information Management* (RIM) – É o gerenciamento do ciclo de vida de um documento, independente da mídia em que se encontre. Através de um sistema RIM gerencia-se a criação, armazenamento, processamento, manutenção, disponibilização e descarte dos documentos, sob controle de categorização e tabelas de temporalidade.

A gestão do conhecimento, leitor, também abrange os aspectos relacionados à segurança da informação acumulada pela empresa, como veremos a seguir.

Segurança da informação

Segurança é um conceito equivalente e relacionado à confiabilidade e continuidade, associados entre si.

A globalização tem mostrado um crescimento significativo estimulado pela disseminação das informações. Porém, para que isso aconteça de forma segura, faz-se necessário que essas informações sejam protegidas, dado que a base de conhecimento é um capital intelectual, ou seja, apesar de um ativo intangível, deve ser protegida de forma física ou eletrônica. O dimensionamento dessa segurança depende diretamente da percepção da proteção contra ameaças, perigos ou perdas do valor em questão.

No que diz respeito à segurança das informações, Dias (2000:44) assinala que

> segurança é proteger as informações, sistemas, recursos e serviços contra erros, manipulação não autorizada e desastres, para garantir a redução do impacto e diminuir a probabilidade de incidentes de segurança.

Nesse caso, leitor, percebe-se como fundamental a gestão da segurança da informação para resolver os problemas encontrados, com o menor impacto possível nas ações necessárias à proteção das informações.

Sobre a proteção das informações, Dias (2000:45) considera que

> algumas condições são fundamentais para a segurança da informação, dando condições de evidenciar autenticidade, disponibilidade, integridade e do ponto de vista da segurança, principalmente confidencialidade da informação. Assim, a segurança da informação não se limita ao ambiente de sistemas computacionais ou informações eletrônicas, nem ao armazenamento propriamente dito, mas à proteção de informações contidas nesses documentos.

Vale observar, contudo, que a segurança deverá ser proporcional ao valor da informação que se quer proteger, ou seja, o custo da implantação da segurança tem de ser proporcional ao valor da informação.

Existe ainda um conceito mais direcionado para ambientes nos quais se aplica o GED, que é a segurança informática ou segurança de computadores. Ele vai além da segurança da informação, tangenciando os limites dos sistemas entre si, a interatividade e as restrições de acesso.

Diante da necessidade de padronização, a segurança da informação hoje é regida pela norma ABNT NBR ISO/IEC 27002:2013, aplicável àqueles indivíduos que desejam criar, implementar e manter um sistema seguro de informações.

O conceito de segurança da informação assegura a privacidade de determinadas informações, ou seja, preserva esse valor do conhecimento para uma determinada pessoa ou empresa, seja para suprir estratégias pessoais ou corporativas. Uma vez que o conhecimento esteja privado, pode ser adquirido ou consultado mediante a liberação de restrição. Com isso, confidencialidade, integridade e disponibilidade formam uma tríade CIA (*confidentiality, integrity and availability*), essencial para essas táticas. O sistema de segurança de informação mais adequado ao cliente patrocinador, seja pessoal ou corporativo, é aquele que melhor atende aos objetivos estratégicos da proteção do valor do ativo intelectual.

Conforme Sêmola (2003:47), ameaças são

> agentes ou condições que causam incidentes que comprometem as informações e seus ativos por meio da exploração de vulnerabilidades, provocando perdas de confidencialidade, integridade e disponibilidade e, consequentemente, causando impactos aos negócios de uma organização.

Por esses motivos, há expectativas/exigências sobre a informação:

- *confidencialidade* – característica que restringe o acesso à informação exclusivamente para uso legítimo, quando somente seu proprietário autoriza o uso;
- *integridade* – característica que avaliza a veracidade da informação, mantendo propriedades originais durante seu ciclo de vida (nascimento, manutenção e destruição);
- *disponibilidade* – característica que garante que a informação estará sempre à disposição, respeitando as restrições da confidencialidade e da integridade.

Nesse contexto de proteção, existem diversas formas ou mecanismos de segurança que dão suporte às recomendações de segurança, como:

- *controles* físicos – infraestrutura física de bloqueio direto, impedindo o acesso a pessoas não autorizadas, por exemplo, portas, blindagem, CFTV etc.;
- *controles lógicos* – obstáculos que limitam o acesso à informação, por exemplo, sensores, câmeras de vídeo etc.;
- *mecanismos de criptografia* – permitem alteração reversível de forma, sendo somente decifrável pela chave de acesso e, portanto, indecifrável para o público não autorizado;
- *assinatura digital* – composta por um conjunto de elementos cifrados, isto é, criptografados;
- *mecanismos de garantia da integridade da informação* – utilizando funções de checagem;
- *mecanismos de controle de acesso* – cartões inteligentes (*chips*), sistemas biométricos, senhas de acesso, sistema de filtros de rede de computadores ou segurança de rede (*firewalls*);
- *mecanismos de certificação* – asseguram a legitimidade da informação de um documento;

❑ *mecanismos de integridade* – impedem a customização da informação, mantendo-a em caráter genuíno;
❑ *honeypot* – estrutura capaz de enganar os agentes externos intrusos ao sistema, inclusive por ação de um *spammer* (autor de envios de mensagens eletrônicas em massa, mesmo sem a permissão do destinatário). O *honeypot* simula falhas de segurança em um sistema para coletar informações sobre o invasor;
❑ *protocolos seguros* – garantem a segurança, desde que se utilize de alguns dos mecanismos citados anteriormente.

Para Sêmola (2003:43),

> a gestão da segurança da informação pode ser classificada em três aspectos: tecnológicos, físicos e humanos. As organizações preocupam-se principalmente com os aspectos tecnológicos (redes, computadores, vírus, hackers, Internet) e se esquecem dos outros – físicos e humanos – tão importantes e relevantes para a segurança do negócio quanto os aspectos tecnológicos.

O primeiro passo é identificar o potencial de ataque ou de ameaça. Ataque é um evento de segurança qualificado pela ação de um agente invasor que pretende conseguir determinado tipo de valor em um ativo intelectual. Ameaça é um potencial evento de risco que, caso ocorra, poderá danificar parcial ou totalmente o valor de um ativo intelectual, destruindo a segurança da informação. As melhores práticas de gerenciamento de projeto recomendam listar os riscos, realizar análises de probabilidade e efeito e delinear um plano de ação comum para minimizar estas ocorrências.

Na sequência, estrategicamente, o indivíduo ou a empresa determina o nível de segurança necessário, criando um sistema ou um conjunto de recursos físicos e lógicos para alcançá-lo. Essa condição de segurança ou nível de segurança da informação gera custos proporcionais associados a toda a infraestrutura, a qual construirá dispositivos necessários para realizar proteção, minimizando a probabilidade ou o impacto de ocorrência de uma ameaça ou de um ataque.

Segundo Tittel (2003:224), "a maioria dos peritos em segurança concorda que uma maneira de proteger um *firewall* é usar sistemas dedicados a eles".

É também importante ressaltar a relevância das seguranças física e lógica das informações da empresa para a gestão de seu conhecimento. A segurança física das informações observa e tenta evitar variadas formas de ameaças físicas, tais como descargas elétricas, relâmpagos, incêndios, alagamentos, desabamentos, acesso indevido de pessoas não autorizadas aos equipamentos, formas inapropriadas no transporte, choques ou quedas, além de acondicionamento incorreto ou também imperícia na condução de veículo, entre outros. A segurança lógica das informações engloba ações virtuais cujo objetivo é, por exemplo, identificar, alertar e repelir ameaças provenientes de "vírus" de computador (*software* malicioso causador de danos aos sistemas de informações digitais), ingressos remotos na rede, violação de senhas, *backup* inoperante (desatualizado ou com ciclos de registros inadequados).

A segurança lógica também diz respeito à forma como um sistema operacional e de aplicação é protegido. Usualmente é utilizada na proteção contra ataques externos, mas também se aplica à proteção de sistemas contra erros não intencionais, causados sem dolo, por exemplo, deleção acidental, transferência acidental de local de armazenamento, registro em local impróprio, uso incorreto de nomenclatura ou remoção contingente de arquivos de sistema ou de aplicação.

Resumo do capítulo

Neste capítulo, leitor, apresentamos um modelo genérico de gestão de conhecimento e inovação (GCI), bem como os modelos de estruturas organizacionais baseadas no conhecimento. Descrevemos também os principais processos aplicados e os aspectos estratégicos relacionados ao controle e à manutenção da gestão do conhecimento. Além disso, discutimos a importância do gerenciamento de documentos, suas principais tecnologias e os aspectos relacionados à segurança física e lógica das informações na empresa. O próximo capítulo será dedicado à questão da gestão do conhecimento no ambiente empresarial.

6

Gestão do conhecimento no ambiente empresarial

Neste capítulo, leitor, apresentamos as iniciativas para a implantação da gestão do conhecimento no ambiente empresarial, destacando as fases de conversão, os processos e a transferência de conhecimentos. Na sequência, caracterizamos e exemplificamos os valores intangíveis e as práticas usuais relacionados à gestão do conhecimento.

Iniciativas para a implantação de gestão do conhecimento

As instituições educacionais, cuja razão de ser é a própria transferência de conhecimento para a sociedade em geral, têm na sua essência a prática acadêmica, que utiliza todo o ciclo de transferência do conhecimento apresentado por Nonaka e Takeuchi (1997). Assim, vale ressaltar que a metodologia "Pessoas, Processos, Sistêmico"© (PPS), apresentada a seguir, deve ser sempre considerada em todas as atividades acadêmicas.

A metodologia PPS© está distribuída em três dimensões: pessoas, processos e sistêmica. Por sua vez, cada dimensão considera um conjunto de iniciativas discutidas a seguir.

Dimensão pessoas

São levantadas questões relacionadas à conversão do conhecimento no ambiente empresarial. Entre elas, assinalam-se: (a) as pessoas estão, a partir de suas atividades diárias, transferindo de fato seus conhecimentos para outras pessoas?; (b) os conhecimentos relevantes transferidos são documentados por meio físico de modo que independa do autor estarem fisicamente presentes para que outro possa se apropriar dos mesmos?; (c) esse conhecimento explicitado foi indexado, armazenado e tornado público para que outros possam acessar?; (d) esse acesso é efetivado e a pessoa que acessou conseguiu entender e internalizar tal conhecimento?; (e) após a internalização, foi possível um novo ciclo de socialização entre as pessoas, permitindo assim a geração de uma espiral do conhecimento? A figura 12 ilustra as fases de conversão do conhecimento na dimensão "pessoa".

Figura 12
FASES DE CONVERSÃO DO CONHECIMENTO

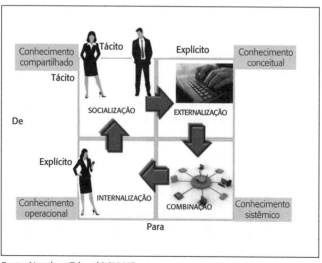

Fonte: Nonaka e Takeuchi (1997).

No ambiente empresarial, um bom exemplo sobre a conversão do conhecimento pode ser visto quando ocorrem os seguintes eventos:

❑ *socialização* – um grupo de pesquisa debate ideias visando criar um novo conhecimento que possa ser utilizado posteriormente;

❑ *externalização* – o grupo explicita o conhecimento gerado a partir da socialização, descrevendo-o em um documento de forma estruturada e organizada, compreensível a qualquer outra pessoa que venha acessá-lo;

❑ *combinação* – o documento gerado é enviado a uma biblioteca que o indexe e possibilite o acesso a qualquer outra pessoa;

❑ *internalização* – uma pessoa acessa o documento na biblioteca, internaliza o conhecimento e volta a socializá-lo, criando assim a espiral do conhecimento.

A análise das atividades deve verificar se o ciclo de transferência do conhecimento ocorre entre as pessoas e se essas pessoas de fato registram o conhecimento gerado e o disponibilizam para outras pessoas.

Dimensão processos

A partir dos processos relacionados à gestão do conhecimento, pode-se questionar se as pessoas do ambiente empresarial estão, em seu cotidiano, desenvolvendo atividades que visam aplicar o conhecimento criado, deixando-o disponível para outras pessoas de forma organizada. A figura 13 ilustra os processos envolvidos na gestão do conhecimento.

Figura 13
Processos de gestão do conhecimento

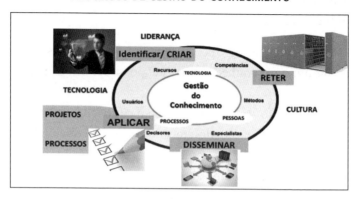

Nesse contexto, bons exemplos de processos são os seguintes:

- *criação* – uma pessoa ou um grupo de pessoas reúne, faz associações, induz e cria um novo conhecimento, por exemplo, no caso de uma empresa, o desenvolvimento de um novo produto. O produto desse processo de criação será sempre um valor agregado ao conhecimento inicialmente disponível;
- *retenção* – representa o processo de armazenamento das informações, ou do conhecimento explícito, de uma forma estruturada e potencialmente acessível às demais pessoas. Na empresa, pode-se associar a retenção ao processo de inserção das informações em uma base de dados estruturada ou até mesmo em um arquivo físico estruturado;
- *disseminação* – representa a distribuição da informação a quem de direito, em conformidade com as regras de segurança da informação. Nesse processo há informações armazenadas em bases de dados e sendo distribuídas ou acessadas por pessoas. No caso de uma pesquisa realizada por uma empresa haveria, nesse processo, a distribuição da pesquisa para os pesquisados de forma a possibilitar a obtenção de mais informações;

- *aplicação* – representa o uso efetivo do conhecimento gerado nas etapas anteriores. Assim, no exemplo da pesquisa realizada pela empresa, haveria o questionário produzido, retido e distribuído nas fases anteriores sendo aplicado e preenchido novamente para que, na rodada seguinte do fluxo de conhecimento, o processo de criação permitisse concluir e criar novos conhecimentos, estimulando um fluxo virtuoso associado ao conhecimento.

Dimensão sistêmica

O modelo sistêmico visa identificar se as práticas de gestão do conhecimento e inovação estão sendo utilizadas de forma balanceada. Isso significa dizer que não é suficiente o uso de práticas que trabalhem somente com a criação, retenção, disseminação e aplicação do conhecimento produzido dentro da organização. A figura 14 apresenta o esquema de análise sistemática das práticas empresariais utilizadas para a transferência de conhecimento.

Figura 14
ANÁLISE SISTEMÁTICA DAS PRÁTICAS EMPRESARIAIS UTILIZADAS PARA A TRANSFERÊNCIA DE CONHECIMENTO

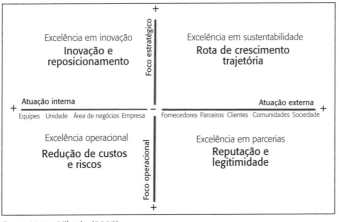

Fonte: Hart e Milstein (2003).

A análise ilustrada na figura 14 está relacionada aos participantes e aos objetivos da prática de gestão do conhecimento e inovação. Tais objetivos são: melhorar o desempenho operacional, reduzir riscos e atender ao nível estratégico da organização ou promover seu reposicionamento no mercado. Diante disso, as práticas que devem ser observadas são as seguintes:

❑ *melhoria de desempenho* – práticas posicionadas no nível operacional e realizadas por pessoas da própria empresa. Na área empresarial, como exemplo, há a prática de revisão dos processos de negócio com vistas a obter um melhor desempenho das atividades empresariais e a efetiva redução dos custos operacionais;

❑ *inovação e reposicionamento* – práticas posicionadas no nível estratégico e realizadas por pessoas da própria empresa. A título de ilustração, no ambiente empresarial, existiria a prática de construção de soluções inovadoras a partir, por exemplo, de grupos de trabalho com o uso de *brainstorm* ou ferramentas do tipo *blue ocean*. Nesse caso, quando são identificados os valores percebidos pelos clientes, realizam-se mudanças, podendo-se incluir, retirar, aumentar ou reduzir o valor percebido por eles – no caso acadêmico, podem ser considerados os próprios alunos e a sociedade;

❑ *responsabilidade social* – práticas posicionadas no nível operacional e realizadas de forma conjunta com pessoas da própria organização, com fornecedores, clientes, e/ou a sociedade em geral;

❑ *sustentabilidade* – práticas posicionadas no nível estratégico e realizadas de forma conjunta com pessoas da própria organização, com fornecedores, clientes e/ou a sociedade em geral. Na área empresarial o desenvolvimento de projetos em parceria com empresas, universidades e órgãos de governo são exemplos de práticas desenvolvidas na dimensão da sustentabilidade.

Valores intangíveis e práticas

A organização que funciona com base na gestão do conhecimento necessita identificar quais são seus valores intangíveis, quais são os que a diferenciam e em quais ela deve atuar para melhorar seu valor de mercado. Exemplos dos valores intangíveis são apresentados na figura 15, organizados na forma de quatro capitais distintos, a saber:

❏ *capital de relacionamento* – tem valores diretamente relacionados ao mercado, clientes e consumidores daquilo que lhes é ofertado;
❏ *capital institucional ou ambiental* – agrega valores que a sociedade e a comunidade em geral percebem na organização, por exemplo sua marca e o valor de sua imagem;
❏ *capital organizacional* – aquele cujos valores são relacionados diretamente aos processos internos da organização, à sua capacidade de gerir mudanças e aos seus talentos;
❏ *capital intelectual* – congrega valores relacionados à produção do conhecimento pelas pessoas, por exemplo, patentes, inovação, pesquisa e desenvolvimento.

Para cada um dos capitais relacionados, podem ser identificadas e construídas práticas de utilização. Na figura 16, por exemplo, apresentamos uma comunidade de prática (CoP) e as ferramentas (softwares) que podem ser utilizadas em uma prática, em função do grau de interação das pessoas na comunidade.

Como você pode observar, leitor, no exemplo de CoP há uma grande variedade de possibilidades, o que requer um planejamento bem executado em função das reais necessidades da organização e de suas possibilidades em termos de participação, considerando que tais possibilidades dependem do tempo e da cultura das pessoas.

Figura 15
EXEMPLOS DE VALORES INTANGÍVEIS

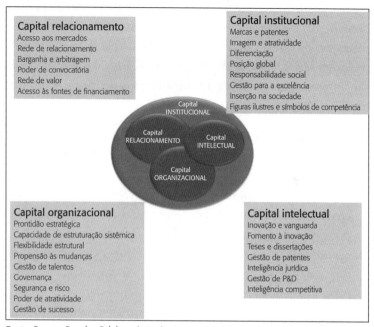

Fonte: Suzano Papel e Celulose (2009).

Dessa forma, é possível ter CoP com soluções síncronas entre as pessoas, dependendo de sua disponibilidade de tempo. Isso significa que, se as agendas das pessoas estiverem sincronizadas e elas puderem interagir em determinados horários, uma prática de CoP síncrona pode ser viável e aconselhável. Porém, se os horários das pessoas a serem envolvidas na CoP forem totalmente diferentes, o método assíncrono será o mais adequado.

A CoP poderá, também, utilizar ferramental que promova maior interação entre as pessoas, como soluções de personalização do relacionamento dessas pessoas com a CoP. De outra forma, a utilização poderá ser individualizada, propiciando interação das pessoas com os conteúdos e não com outras pessoas de forma direta.

Figura 16
FERRAMENTAS CoP

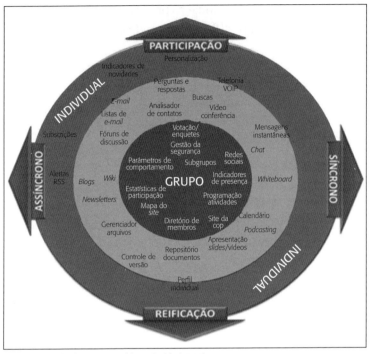

Fonte: adaptado de Wenger, White e Smith (2009).

Um exemplo de sistematização das CoPs são as práticas desenvolvidas e patenteadas pela Ford, com posterior licenciamento da metodologia para a Nabisco e a Shell. Essas práticas estão apresentadas na figura 17.

A metodologia de identificação de melhores práticas utilizada pela Ford (veja, leitor, que é algo bem específico dentro do universo de uma CoP) inicia-se pela identificação das "joias brutas" ou "pedras preciosas brutas" por grupos focais que debatem quais práticas devem ser utilizadas pelo grupo e quais podem ser compartilhadas pela organização.

A identificação dessas práticas pelo grupos focais obedece a critérios de seleção que consideram a abrangência com que a prática pode ser utilizada (para toda a empresa ou parte dela) e seu entendimento de forma compartilhada. Esses e outros critérios permitem à Ford selecionar as práticas que, potencialmente, podem vir a ser compartilhadas por todos.

Figura 17
EXPERIÊNCIA FORD – CoP

Fonte: adaptado da apresentação de CoPs – *Workshop* de Gestão do Conhecimento Petrobras – Rio de Janeiro (2009).

Em seguida, a prática é compartilhada em um ambiente tecnológico que permite o registro de como ela deve ser implantada e quais etapas devem ser observadas para que seja executada e avaliada com base em indicadores de desempenho.

Finalmente, faz-se o gerenciamento de uso da prática com o objetivo de verificar se funcionou como deveria, o resultado que alcançou, e promove-se reconhecimento e recompensa ao grupo que a implantou. Observe, leitor, que as melhores práticas são aquelas mais utilizadas dentro da organização e, para elas, há um processo de reconhecimento e de recompensa que estimula as equipes à identificação de novas práticas a serem compartilhadas.

Dessa forma, pelo mapa de eficácia da transferência do conhecimento, apresentado na figura 18, pode ser verificado que à medida que estimulamos a transferência de informação com a geração de conhecimento entre as pessoas, obtemos uma capacidade maior de transferência com elevada densidade de detalhes nesse processo. E, à medida que utilizamos meios físicos, como o e-mail ou a escrita, a capacidade de transferência, em termos de profundidade e volume, é bem menor. Assim, verificamos que, nas organizações em que a socialização é maior, a riqueza de transferência de conhecimento é bem maior; no entanto, o conhecimento organizacional disponível em sistemas de informação, manuais, caracteristicamente o conhecimento explícito, pode ficar prejudicado. O ideal, portanto, é o equilíbrio entre as formas de transferência de conhecimento tácito e explícito.

Figura 18
MAPA DE EFICÁCIA NA TRANSFERÊNCIA DO CONHECIMENTO

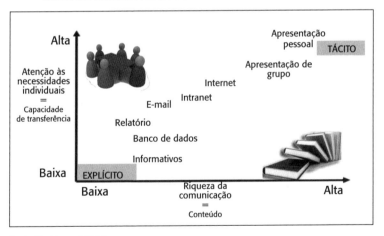

Fonte: Rodriguez (2010).

No contexto da eficácia da transferência do conhecimento, observa-se que quanto mais rico é o conteúdo, maior é a dependência da presença física da pessoa e, quanto mais ela se distancia para uma transferência de informação automática (ou por meio de alguma tecnologia), menores são a capacidade de transferência e a riqueza do conteúdo da informação. Assim, fica evidenciada a potencialidade que as pessoas têm na captação de informação e transformação dessa informação em conhecimento. Tal dinâmica pode ocorrer pela escrita, pela fala, pelos gestos e pela imagem. Ou seja, o ser humano possui um sistema complexo e com múltiplas possibilidades de acesso à informação; daí a diferenciação que existe entre a leitura de um e-mail e a expressão oral do mesmo texto, no modo presencial. Os dois procedimentos trazem sutilezas somente percebidas pelos demais sentidos do corpo humano, como a entonação da voz, o gestual etc.

A capacidade de transferência alta e de comunicação alta, leitor, equivale ao tácito para equipe, tutoria, rodízio, cogeração do conhecimento, além do *workout*. A capacidade de transferência alta e de comunicação baixa equivale a ações de conhecimento tácito, individual e tácito para serial. A capacidade de transferência baixa e de comunicação alta equivale às práticas de tácito para explícito.

Práticas na gestão do conhecimento

A seguir, são apresentadas e descritas algumas práticas de gestão do conhecimento.

Estudo de caso

Tecnicamente, a apresentação de um *case* deve ser considerada um relato de experiência *ex-post facto*, ou seja, fato, processo ou fenômeno já acontecido. É usado para detectar falhas e propor melhorias. Permite um mergulho profundo e exaustivo em um objeto delimitado. Destaca-se pela pluralidade de fontes de informação (levantamento, experimento, pesquisa bibliográfica e documental). No processo de tomada de decisão devem ser verificadas quais ferramentas de gestão podem ser úteis para lidar com a situação descrita no *case*. O ponto forte do estudo de caso é o desenvolvimento de uma habilidade primordial nos dias atuais: o relacionamento interpessoal.

Lições aprendidas

Um simples momento de reflexão ao final de um projeto pode potencializar o aprendizado. As perguntas são do tipo: "O que deu certo? O que faríamos novamente da mesma forma? O que deu errado? O que faríamos de forma diferente? O que não sabíamos antes e agora sabemos?" As respostas podem ser obtidas com maior naturalidade se utilizada tecnologia que permita o anonimato. Essas respostas devem ser compiladas e disponibilizadas para fácil consulta em projetos futuros.

Banco de ideias

O banco permite o registro de ideias de forma livre e sem requerer, *a priori*, uma análise mais avançada de como elas podem ser exploradas. Uma equipe é responsável pela edição das ideias de forma a detalhá-las e avaliar seu impacto e investimentos necessários. Dessa maneira, as ideias estarão categorizadas em oportunidades, que serão priorizadas no debate com a empresa. Caberá à empresa definir quais oportunidades serão implementadas. A tecnologia é grande aliada na implantação do banco e na categorização das ideias.

Mentoria

Para potencializar o conhecimento, mentores (profissionais ligados à empresa) são identificados e aproximados de funcionários mais inexperientes por um período acordado. Essa aproximação ocorre em todas as atividades. O processo é semelhante ao *coach*, descrito na sequência. Mentoria é muito utilizada em empresas que atuam em setores de produtos ou serviços tradicionais, principalmente no continente europeu.

Coach

O *coaching* começa quando a pessoa procura apoio para resolver um problema ou realizar um projeto, e o orientador aceita o compromisso e assume esse papel. O processo também pode começar de forma inversa: o orientador oferece apoio a alguém, que pode aceitar ou não.

A prática de *coaching* consiste na relação entre líder e liderado ou *coach* e *coachee*, em que o principal objetivo é a busca da melhoria do desempenho do liderado a partir da orientação do seu líder. Para que isso ocorra, é necessária a definição clara das atividades e entregáveis a que o liderado deverá atender, assim como a identificação de suas competências e quais ele deverá desenvolver para maximizar seu desempenho.

Portanto, a prática de *coaching* vai além de um treinamento ou orientação sobre as atividades a serem desenvolvidas pelo *coachee*, pois passa pelo alinhamento da dimensão competência com os resultados a serem atingidos.

Rodizio gerencial

Prática de internalização, razoavelmente comum em grandes organizações, é um dos instrumentos utilizados na gestão do conhecimento com o objetivo de proporcionar aos gerentes a oportunidade de uma visão geral da empresa e aprendizado contínuo, mediante a apresentação de novos desafios.

Rodízio técnico

Prática de internalização, na qual os empregados vivenciam, por curtos períodos, suas atividades em outras áreas. Visa acelerar o aprendizado de empregados em atividades correlatas, de forma que adquiram ou aprimorem os conhecimentos necessários para atuação em sua área de lotação, estabelecer ou estreitar relacionamentos com as áreas clientes/fornecedoras, ampliar a visão sistêmica sobre processos correlatos, bem como compartilhar boas práticas entre as áreas participantes.

Shadowing

Socialização que consiste em alocar um profissional para seguir de perto outro, que detenha grande quantidade de conhecimentos tácitos estratégicos, de forma a permitir que parte desse conhecimento seja retida pelo seguidor.

Tutoria

Socialização destinada a promover a disseminação e a manutenção de conhecimentos críticos por meio do compartilhamento sistemático e estruturado entre tutor e aprendiz, tendo por premissa a transmissão de conhecimentos úteis e experiências aplicáveis aos processos vigentes de trabalho, aumentando o nível de proficiência dos empregados.

Inventário do conhecimento

Também conhecido como varredura, funciona como um mapeamento abrangente, cujo objetivo final é a proteção e valorização do conhecimento. Para a proteção, devem ser utilizados os diversos instrumentos existentes, aplicados de forma a garantir a segurança da informação.

Narrativas

Consistem em uma prática utilizada quando o conhecimento acumulado está fortemente baseado nas experiências daquelas pessoas que vivenciaram determinados projetos e não há outro modo de externalizar a não ser por meio de relatos organizados dessas experiências.

As narrativas sempre foram utilizadas, no passado, para a transferência de conhecimento prático daqueles profissionais mais experientes para os mais novos. Muitas vezes, tais narrativas são realizadas a partir de figuras e elementos do imaginário, mas que guardam correlação com a prática vivenciada na época – ou pelo pioneirismo ou pela falta de outros recursos na época ou de tempo disponível para o acúmulo organizado do conhecimento.

Assim, o cuidado que é necessário se ter para com essa prática é uma atenção à linha de tempo dos fatos e dos relatos, para podermos transformar em um conhecimento estruturado e sistêmico para uso em outros momentos já com essa experiência acumulada registrada de forma estruturada e de fácil entendimento.

Catálogo de especialistas

Essa prática, apesar de simples, é uma das mais úteis e necessárias a ser implementada, simplesmente pelo fato de identificar quem sabe o que dentro da organização. Na grande maioria das organizações, as pessoas detêm a informação de quem sabe o que a partir da sua rede pessoal, que é bem limitada. Quando é implantado o catálogo de especialistas, as possibilidades se multiplicam, visto que podemos identificar competências em pessoas que jamais iríamos identificar se somente fosse utilizada a rede pessoal individual de cada um.

Reuniões de análise crítica

Analisar criticamente é verificar se os requisitos estabelecidos em um projeto foram alcançados e quais são as melhorias que lhe podem adicionar valor. Segundo essa perspectiva, é importante agendar, em intervalos planejados, reuniões para discussão de informações importantes da organização que não sejam percebidas no dia a dia e para planejar os passos seguintes. É necessário pensar no todo. Não há como analisar criticamente uma situação com dados parciais ou, então, quando se conhece apenas um lado da situação ou, também, quando não se conhece o ambiente em que se está inserido, seja ele econômico, político, social ou ambiental. Afinal, avaliar impactos positivos e negativos de uma decisão faz parte de uma análise crítica bem realizada. É importante, também, ter foco e dados objetivos para a análise. Reuniões sem pautas definidas normalmente não levam a nada e são desperdício de tempo e dinheiro. As pessoas que devem participar de uma análise crítica são aquelas que têm poder de decisão na empresa e que não possuem interesses específicos para defender.

Reunião após ação

Essa prática foi uma adaptação do *action after review*, utilizado pelo Exército, que consistia em uma reunião após cada ação de um grupo militar verificando o que era previsto acontecer, o que aconteceu de fato e o que motivou a alteração entre o previsto e o realizado.

Nessa mesma linha de abordagem, essa prática é utilizada nas organizações quando um grupo de trabalho ou projeto realiza uma entrega e, após, o grupo analisa o que estava inicialmente planejado ser feito, o que foi feito e entregue e o que motivou possíveis desvios quanto aos entregáveis. A utilização dessa técnica foi estendida às empresas, como uma ferramenta de gerenciamento do conhecimento e como uma forma de construir uma cultura de responsabilidade. A reunião após a ação ocorre dentro de um ciclo para estabelecer o líder da intenção, planejamento, elaboração, análise e ação. Uma reunião se inicia com uma clara intenção e comparação dos resultados reais obtidos. Aplicada em operações maiores, pode ser encadeada, a fim de manter cada nível da organização centrado no seu próprio desempenho, dentro de um determinado evento ou projeto. A reunião formal é, normalmente, executada por um facilitador. Pode ser cronológica e contar com opiniões baseadas em algumas questões-chave selecionadas pela equipe dirigente. Ela exige planejamento detalhado com a identificação dos recursos e é agendada e realizada como parte da avaliação externa e interna. A abordagem informal da reunião após a ação exige menos protocolos sendo, muitas vezes, realizada no local, coletando opiniões dos participantes e avaliando o desempenho do coletivo de formação da equipe. No entanto, quando um evento de formação é centrado na linha de frente, os recursos disponíveis a um procedimento formal podem ser conduzidos a ganhar o máximo benefício da formação. O facilitador (avaliador ou controlador) fornece uma visão geral da tarefa e da missão, além de levar a uma discussão sobre os eventos e atividades que fazem parte dos objetivos. A discussão deverá orientar a integração dos principais líderes e ações, e analisar a doutrina e sistemas utilizados pelos concorrentes. No encerramento, o líder da reunião resume os comentários dos observadores, cobrindo pontos fortes e fracos discutidos durante o treinamento e aquilo que a equipe precisa fazer para corrigir os pontos fracos. Na abordagem informal, a reunião é geralmente realizada com a participação de todos que atuaram na parte de execução, enquanto na formal somente com aqueles formalmente designados pela organização.

Treinamento no local de trabalho

As etapas do processo de treinamento são: (a) avaliação das necessidades; (b) projeto; (c) implementação; (d) avaliação. Quanto ao local de treinamento temos: (a) treinamento interno, aplicado dentro das dependências da empresa; (b) treinamento externo, aplicado fora da empresa, geralmente por consultorias especializadas ou especialistas; (c) treinamento *in company* – realizado somente com empregados de uma mesma empresa; e (d) treinamento aberto, do qual participam empregados de diversas empresas formando um só grupo.

Comunidades virtuais e de prática

As comunidades virtuais constituem outra possibilidade da disseminação do conhecimento na organização. Mesmo não apresentando alguns atributos das comunidades modernas, elas podem se caracterizar como tal, possuindo as seguintes características básicas: o sentimento de pertencimento e uma territorialidade. A formação de grupos traz essa sensação de ligação, de pertencer a uma comunidade, mesmo que ela só exista no espaço imaginário e invisível do ciberespaço. Essa relação é muito maior do que a relação de grupos; trata-se de uma relação social em rede. A sociedade em rede é aquela cuja estrutura social foi construída em torno de redes de informação, possibilitada pelo desenvolvimento de tecnologias microeletrônicas que resultaram no aperfeiçoamento de sistemas computacionais que, por sua vez, estruturaram redes que conectam o mundo, com destaque para a internet.

Workout

A prática foi iniciada pela General Electric (GE) quando da implantação da gestão pela qualidade total (GQT). A ideia foi a de simplificação dos processos de trabalho e, para tanto, foi elaborada uma prática que depois veio a ser denominada *workout*. A prática é iniciada ao levar para o grupo um determinado problema na execução de um processo com meta relacionada à redução de tempo, ou custo, ou melhoria da qualidade intrínseca do entregável. A partir disso, o grupo utiliza o *brainstorm* para identificar onde melhorar, sendo o objetivo final a eliminação do retrabalho ou a simplificação do trabalho.

Transferência de conhecimento explícito

Essa prática tem como objetivo o registro, em algum meio físico, do conhecimento (explícito) para posterior utilização em outro processo ou atividade.

Um exemplo bem simples seria, após a execução de um projeto, a equipe responsável por ele se reunir e identificar as etapas que podem ser registradas como lições aprendidas, ou seja, conhecimentos que foram objeto de aprendizado durante a realização do projeto e que podem ser utilizados futuramente.

Transferência do conhecimento tácito

Prática que se caracteriza pelo fato de um grupo ou pessoa ter aprendido algo e, com base nisso, ser possível transferir esse conhecimento para outro grupo que tenha uma demanda por conhecimento semelhante. Assim, a pessoa ou grupo que detém esse conhecimento diferenciado é incorporado a outro grupo e, a partir de então, passa a ensinar o grupo seguinte.

Um exemplo bem comum é a implantação de sistemas de informação, em que, depois de uma equipe passar por essa experiência, um dos profissionais que detém o conhecimento é incorporado por outra equipe que ainda não possui o domínio da implantação do sistema. Assim, esse profissional do conhecimento irá transferir para a próxima equipe o que sabe, no sentido de acelerar o processo de implantação com o mínimo de erros.

Incorporar o conhecimento tácito individual

Esta prática, denominada "socialização", representa uma das mais eficazes práticas de transferência do conhecimento tácito – entre as pessoas. A socialização é utilizada no dia a dia das pessoas quando, no processo de conversação, há a adoção de *brainstorm*, debate ou qualquer outra forma de interação humana que envolve duas ou mais pessoas.

E-learning

O processo de aprendizado tradicional atual passa pelo uso de salas de aula, onde o professor fica em contato com uma turma limitada, cujo número pode variar de seis a 60 alunos, na média. Mas esse número de pessoas envolvidas é limitado pela capacidade física de espaço e de relacionamento entre o professor e o conjunto de alunos.

A partir do uso intensivo de tecnologia, as formas de transferência de conhecimento foram sendo desenvolvidas, e o aprendizado a distância tem permitido que um mesmo conteúdo e professor sejam acessados por milhares de pessoas, ampliando em muito a capacidade de multiplicação do conhecimento.

Assim, o uso de tecnologia de *e-learning* tem permitido ampliar a capacidade de transmissão do conhecimento em dezenas e até milhares de vezes. Para que isso aconteça, novos atores foram definidos, quais sejam:

- ❏ *conteudista* – profissional detentor do conhecimento inicialmente tácito em conformidade com a demanda por conteúdo existente;
- ❏ *designer* – profissional especializado nas formas de transferência do conhecimento que permitam maximizar a taxa de captura do conteúdo pelo receptor;
- ❏ *tutor* – profissional que tem como objetivo interagir com os alunos no sentido de auxiliar no aprendizado, sendo de fato um explicador personalizado quando houver demanda por parte do aluno;
- ❏ *coordenador* – profissional que acompanha e direciona o treinamento no sentido de seguir o fluxo de aprendizado pelo aluno, maximizando a taxa de aprendizagem;
- ❏ *pedagogo* – profissional que atua na organização de um curso online no sentido de tornar o processo de aprendizado fácil para o aluno na outra ponta da tecnologia.

Resumo do capítulo

Neste capítulo, leitor, apresentamos as iniciativas para a implantação da gestão do conhecimento no ambiente empresarial, destacando a metodologia "Pessoas, Processos, Sistêmico"© (PPS) em suas várias dimensões. Destacamos, também, os valores intangíveis das organizações por meio de uma comunidade de prática (CoP) e assinalamos as práticas relacionadas à transferência de conhecimentos nas organizações.

Na sequência, oferecemos as conclusões sobre inovação e gestão do conhecimento que a condução deste trabalho possibilitou.

Conclusão

Ao finalizar este livro, leitor, nossa expectativa é ter contribuído para a discussão e o entendimento de dois assuntos que, individual ou conjuntamente, são muito significativos para pessoas e organizações: a inovação e a gestão do conhecimento. O primeiro pelo ponto de vista da contribuição da inovação na geração de valor para o usuário, e o segundo sobre a importância da acumulação e do tratamento do conhecimento enquanto um capital essencial.

No caso da inovação, ainda que diversa em natureza, dimensão, objeto, tipo e forma, as interpretações convergem para a produção de algo novo, mas que deve sempre objetivar a geração de valor na forma de bem-estar para as pessoas e de resultados para as empresas e organizações. Ainda assim, o desenvolvimento da inovação está cercado de mitos e sujeito a riscos que dificultam sua evolução. Isso torna essenciais o entendimento conceitual e a percepção sobre as possibilidades de sua aplicação no ambiente pessoal e empresarial.

No caso do conhecimento, interpretado como recurso capital, faz-se necessário entender sua acumulação como riqueza e discutir formas de protegê-lo enquanto patrimônio pessoal/ empresarial. Nesse contexto, a aplicação dos princípios e técnicas da gestão do conhecimento é fundamental. Vale ressaltar que a gestão do conhecimento é uma filosofia gerencial que procura organizar esse conhecimento de modo a transformá-lo em vantagem estratégica para as organizações. Isso obriga os interessados no assunto a conhecer os desafios, as questões motivadoras, os processos e os instrumentos da gestão do conhecimento.

Diante das responsabilidades que os dois assuntos impõem, procuramos desenvolver uma discussão abrangente e atual, com enfoque conceitual e aplicado, incorporando manifestações autorais tradicionais e contemporâneas. Com isso, caro leitor, esperamos ter atendido às suas expectativas e necessidades de desvendar os aspectos da inovação e da gestão do conhecimento. Mesmo assim, temos consciência de que os dois assuntos estão longe de ser esgotados, até porque, a cada momento, se modificam e incorporam novas visões e reflexões. Esperamos que, até este instante, o esforço tenha valido a pena. Gratos por sua leitura.

Referências

ANDRÉ NETO, A. et al. *Empreendedorismo e desenvolvimento de novos negócios*. Rio de Janeiro: FGV, 2013.

ASSOCIAÇÃO BRASILEIRA DE STARTUPS (ABSTARTUPS). *Manual sobre conceitos, metodologias e investimentos em startups*. São Paulo: [s.d.]. Disponível em: <www.abstartups.com.br/category/duvidas/> Acesso em: 13 jun. 2014.

BIRKINSHAW, J.; BOUQUET, C.; BARSOUX, J. L. The 5 myths of innovation. *MIT Sloan Management Review*, Boston, MA, v. 52, n. 2, p. 42-50, 2011.

BRASIL. Ministério da Saúde. Secretaria Executiva. *Cem palavras para a gestão do conhecimento*. Brasília: Ministério da Saúde, 2003.

BRASIL, M. V. O.; NOGUEIRA, C. A. G.; FORTE, S. H. A. C. Schumpeter e o desenvolvimento tecnológico: uma visão aplicada às pequenas e médias empresas (PMEs). *Revista de Ciências da Administração*, Florianópolis, v. 13, n. 29, p. 38-62, jan./abr. 2011.

CHESBROUGH, H. *Open innovation*: the new imperative for creating and profiting from technology. Boston, MA: Harvard Business Review Press, 2006.

CHRISTENSEN C. *The innovator's dilemma*: when new technologies cause great firms to fail. Boston, MA: Harvard Business Review Press, 2011.

_____; KAUFMAN, S.; SHIH, W. Innovation killers: how financial tools destroy your capacity to do new things. *Harvard Business Review*, Boston, MA, v. 86, n. 1, p. 98-105, jan. 2008.

COMUNIDADES DE PRÁTICA (COPS). *Workshop Gestão do Conhecimento – Petrobras*. GIGCI: Rio de Janeiro, 2009.

DARROCH, J.; MCNAUGHTON, R. Examining the link between knowledge management practices and types of innovation. *Journal of Intellectual Capital*, v. 3, n. 3, p. 210-222, 2002.

DAVENPORT, T.; SHORT, J. The new industrial engineering: information technology and business process redesign. *MIT Sloan Management Review*, Boston, MA, 1990.

DIAS, C. *Segurança e auditoria da tecnologia da informação*. Rio de Janeiro: Axcel Books, 2000.

DRUCKER, P. *Administrando em tempos de grandes mudanças*. São Paulo: Pioneira, 1995.

DU PLESSIS, M. The role of knowledge management in innovation. *Journal of Knowledge Management*, v. 11, n. 4, p. 20-29, 2007.

EDVINSON, L.; MALONE, M. S. *Capital intelectual*: descobrindo o valor real de sua empresa pela identificação de seus valores internos. Rio de Janeiro: Makron Books, 1998.

ESTERHUIZEN, D. et al. A knowledge management framework to grow innovation capability maturity. *South Africa Journal of Information Management*, Auckland Park, v. 14, n. 1, 2012.

GALLO, C. *Inovação*: a arte de Steve Jobs. São Paulo: Lua de Papel, 2010 (edição eletrônica Kindle).

GARVIN, D. A. Building a learning organization. *Harvard Business Review*, Boston, MA, v. 71, n. 4, p. 78-91, jul./ago. 1993.

GESTÃO ELETRÔNICA DE DOCUMENTOS (GED). *Portal institucional*. [S.l.]:[s.d.]. Disponível em: <www.ged.net.br>. Acesso em: 9 ago. 2014.

GILLIARD, M. Innovation creativity: the definitive guide. *Innovation-Creativity. com*. [S.l.]:[s.d.]. Disponível em: <www.innovation-creativity.com> Acesso em: 23 mar. 2014.

GOVINDARAJAN, V. *Innovation*: create far from home, win everywhere. Boston, MA: Harvard Business Press, 2012.

GREEN, J. Developing innovate ideas for new companies. *Coursera. org Course*. University of Maryland, 2014.

GUIMARÃES, A. A.; LAMAS, J. E.; BOSCOLO, P. G. *Gestão do conhecimento em áreas de P&D*: estudo de caso em empresas brasileiras de grande porte. Monografia (MBA em conhecimento, tecnologia e inovação) – Fundação Instituto de Administração, São Paulo, 2007.

HART, S.; MILSTEIN, M. Creating sustainable value. *Journal of Academy of Management Executive*, v. 17, n. 2, p. 56-69, 2003.

INVENTTA. *A inovação*: definição, conceitos e exemplos. Portal institucional. [S.l.], [s.d.]. Disponivel em: <http://inventta.net/radar-inovacao/a-inovacao/>. Acesso em: 10 mar. 2014.

JENNEX, M. E.; OLFMAN, L. A model of knowledge management success. *International Journal of Knowledge Management*, San Diego, CA, v. 2, n. 3, p. 51-68, 2006.

JOHNSON, S. *De onde vêm as boas ideias*. Trad. M. L. Borges. Rio de Janeiro: Zahar, 2011.

KAPLAN, R.; NORTON, D. *A estratégia em ação*: balanced scorecard. Rio de Janeiro: Campus, 1997.

KIM, W. C.; MAUBORGNE, R. *A estratégia do oceano azul*: como criar novos mercados e tornar a concorrência irrelevante. Rio de Janeiro: Elsevier, 2005.

KONGPICHAYANOND, P. Knowledge management for sustained competitive advantage in mergers and acquisitions advances. *Developing Human Resources*, Minneapolis, MN, v. 11, n. 3, p. 375-387, 2009.

KUMAR, N. Strategies to fight low-cost rivals. *Harvard Business Review*, Boston, MA, v. 84, p. 104-112, dez. 2006.

_____. A estratégia está de volta. *HSM Management*, São Paulo, v. 55, p. 1-5, mar. 2008.

LAM, C. 9 startups de sucesso para inspirar empreendedores. *Exame.com*, 10 abr. 2013. Disponível em: <http://exame.abril.com.br/pme/noticias/9-startups-de-sucesso-para-inspirar-empreendedores#11>. Acesso em: 12 maio 2014.

LEMOS, B.; JOIA, L. A. Fatores relevantes à transferência de conhecimento tácito em organizações: um estudo exploratório. *Gestão Produtiva*, v. 19, n. 2, p. 233-246, 2012.

MACHADO, D. D. N. *Inovação e cultura organizacional*: um estudo dos elementos culturais que fazem parte de um ambiente inovador. Tese (doutorado). Escola de Administração de Empresas de São Paulo da Fundação Getulio Vargas, São Paulo, 2004.

MEIRA, S. *Novos negócios inovadores de crescimento empreendedor no Brasil*. Rio de Janeiro: Casa da Palavra, 2013. *E-book*.

MERTON, R. C. Innovation risk: how to make smarter decisions. *Harvard Business Review*, Boston, MA, v. 91, n. 4, p. 48-56, abr. 2013.

MYERS, P. S. *Knowledge management and organizational design*. Boston: Butterworth-Heinemann, 1996.

MYERS, S.; MARQUIS, D. G. *Successful industrial innovation*: a study of factors underlying innovation in selected firms. Washington, DC: National Science Foundation, 1969.

NONAKA, I. A dynamic theory of organization knowledge creation. *Organization Science*, Tóquio, v. 5, n. 1, p. 14-37, 1994.

_____; TAKEUCHI, H. *Criação de conhecimento na empresa*: como as empresas japonesas geram a dinâmica da inovação. 19. ed. Trad. Ana Beatriz Rodrigues, Priscilla Martins Celeste. Rio de Janeiro: Elsevier, 1997.

PINHEIRO, T.; ALT, L. *Design thinking Brasil*: empatia, colaboração e experimentação para pessoas, negócios e sociedade. Rio de Janeiro: Elsevier, 2011. *E-book*.

RAO, J.; WEINTRAUB, J. How innovative is your company's culture? *MIT Sloan Management Review*, Boston, MA, v. 54, n. 3, p. 28-37, 2013.

REITZIG, M. Is your company choosing the best innovation ideas? *MIT Sloan Management Review*, Boston, MA, v. 52, n. 4, p. 47-52, verão 2011.

RIES, E. *A startup enxuta*: como empreendedores atuais utilizam a inovação contínua para criar empresas extremamente bem-sucedidas. Trad. Texto Editores. São Paulo: Lua de Papel, 2012. *E-book*.

RODRIGUEZ, M. *Gestão empresarial*: organizações que aprendem. Rio de Janeiro: Qualitymark, 2010.

SÊMOLA, M. *Gestão da segurança da informação*. São Paulo: Campus, 2003.

SENGE, P. *A quinta disciplina*: caderno de campo. Rio de Janeiro: Qualitymark, 1995.

SMITH, K.; COLLINS, C.; CLARK, K. Existing knowledge, knowledge creation capability, and the rate of new product introduction in high-technology firms. *Academy of Management Journal*, Nova York, v. 48, p. 346-357, 2005.

SUZANO PAPEL E CELULOSE. *Workshop Gestão do Conhecimento – Petrobras*. GIGCI: Rio de Janeiro, 2009.

SVEIBY, K. E. *A nova riqueza das organizações*. Rio de Janeiro: Campus, 1998.

TELLIS, G.; PRABHU, J.; CHANDY, R. Radical innovation across nations: the preeminence of corporate culture. *Journal of Marketing*, v. 73, n. 1, p. 3-23, jan. 2009.

TITTEL, Ed. *Teoria e problemas de rede de computadores*. São Paulo: Bookman, 2003.

WENGER, E.; WHITE, N.; SMITH, J. D. *Digital habitats*: stewarding technology for communities. Portland: CPsquare, 2009.

ZALTMAN, G.; DUNCAN, R.; HOLBEK, J. *Innovations and organizations*. Nova York: Wiley, 1973.

Os autores

Alivinio Almeida

Doutor em economia, mestre em economia aplicada e engenheiro agrônomo pela Universidade de São Paulo (USP). Professor adjunto efetivo do Curso de Ciências Econômicas da Universidade Federal do Tocantins. Analista do ambiente econômico empresarial e *advisor* em negócios empreendedores inovadores. Professor convidado do FGV Management. Autor de artigos e livros publicados no Brasil e no exterior. Articulista nas redes sociais da internet <www.twitter.com/AlivinioAlmeida>.

Denise Oldenburg Basgal

Doutora em administração pela Universidade Nacional de Misiones (Argentina), mestre em gerenciamento de projetos pela Universidade Superior de Ciências e Tecnologia de Lille (França), especialista em administração de cidades pela Universidade de Tecnologia de Compiegne (França) e *team management* pela Fundação Getulio Vargas (FGV). Engenheira civil pela Universidade Federal do Paraná. Professora convidada do FGV Management. Autora de artigos publicados no Brasil e no exterior.

Martius Vicente Rodriguez y Rodriguez

Pós-doutor em gestão do conhecimento pela Universidade Federal do Rio de Janeiro (UFRJ)/Harvard Business School. *Master executive* pelo MIT Sloan School of Management, doutor em gestão tecnológica pelo Instituto Alberto Luiz Coimbra de Pós-Graduação e Pesquisa de Engenharia (Coppe/UFRJ) e mestre em ciências em computação de alto desempenho pela mesma instituição. Professor adjunto da Universidade Federal Fluminense (UFF)/Departamento de Administração onde é coordenador do MBA em Logística. Professor convidado do FGV Management. Autor de artigos e livros publicados no Brasil e no exterior.

Wagner Cardoso de Pádua Filho

Pós-doutor em empreendedorismo, marketing e management pela Universidade da Flórida (USA), doutor pela Universidade de São Paulo (USP), MBA em gestão empresarial pela Fundação Getulio Vargas. Graduado em medicina. Professor convidado do FGV Management nas disciplinas de marketing, empreendedorismo, inovação e gestão do conhecimento. Consultor e palestrante em empreendedorismo, inovação e marketing.

Este livro foi impresso nas oficinas gráficas da Editora Vozes Ltda.,
Rua Frei Luís, 100 – Petrópolis, RJ.